Ensino Religioso:
perspectivas para os anos finais do ensino fundamental e para o ensino médio

Emerli Schlögl

SÉRIE ENSINO RELIGIOSO

Ensino Religioso:
perspectivas para os anos finais do ensino fundamental e para o ensino médio

EDITORA intersaberes

Rua Clara Vendramin, 58 . Mossunguê
CEP 81200-170 . Curitiba . PR . Brasil
Fone: (41) 2106-4170
www.intersaberes.com
editora@editoraintersaberes.com.br

Conselho editorial
Dr. Ivo José Both (presidente)
Dr.ª Elena Godoy
Dr. Nelson Luís Dias
Dr. Neri dos Santos
Dr. Ulf Gregor Baranow

Editora-chefe
Lindsay Azambuja

Supervisora editorial
Ariadne Nunes Wenger

Analista editorial
Ariel Martins

Análise de informação
Ísis Casagrande D'Angelis

Revisão de texto
Tiago Krelling Marinaska

Capa
Denis Kaio Tanaami

Projeto gráfico
Bruno Palma e Silva

Diagramação
Icone Ltda.

Iconografia
Danielle Scholtz

1ª edição, 2012.

Dados Internacionais de Catalogação na Publicação (CIP)
(Câmara Brasileira do Livro, SP, Brasil)

Schlögl, Emerli
  Ensino religioso: perspectivas para os anos finais do ensino fundamental e para o ensino médio / Emerli Schlögl. – Curitiba: InterSaberes, 2012. – (Série Ensino Religioso).
  Bibliografia.
  ISBN 978-85-8212-315-7

  1. Ensino religioso – Estudo e ensino 2. Ensino religioso (Ensino fundamental) – Estudo e ensino 3. Ensino religioso (Ensino médio) – Estudo e ensino 4. Professores de ensino religioso – Formação I. Título II. Série.

12-09111   CDD-371.07

Índice para catálogo sistemático:
1. Ensino religioso: Educação   371.07

Foi feito o depósito legal.

Informamos que é de inteira responsabilidade do autor a emissão de conceitos.

Nenhuma parte desta publicação poderá ser reproduzida por qualquer meio ou forma sem a prévia autorização da Editora InterSaberes.

A violação dos direitos autorais é crime estabelecido na Lei nº 9.610/1998 e punido pelo art. 184 do Código Penal.

Sumário

Apresentação, VII

Introdução, IX

1. Metodologia para o Ensino Fundamental – anos finais – e para o Ensino Médio, 11

    1.1 Ensino Religioso no enfoque dos símbolos, rituais e questões de gênero, 23

2. Pré-adolescência e adolescência, 37

3. Prática pedagógica derivada do estudo das culturas, 65

    3.1 Tradição religiosa indígena, 68 | 3.2 Tradição religiosa africana, 72 | 3.3 Budismo, 78 | 3.4 Religiões de base cristã, 83 | 3.5 Fé bahá'í, 87 3.6 Hinduísmo, 89 | 3.7 Islamismo, 91 | 3.8 Jainismo, 94 3.9 Judaísmo, 95 | 3.10 Taoismo, 98 | 3.11 Zoroastrismo, 100 3.12 Xintoísmo, 101 | 3.13 Algumas reflexões sobre o feminino nas tradições religiosas, 103

4. Prática pedagógica derivada do estudo dos mitos e símbolos, 113

    4.1 Considerações sobre mitos, símbolos e ritos, 116

5. Prática pedagógica derivada do estudo da diversidade, 139

6. A ESPECIFICIDADE DOS PROCESSOS DE AVALIAÇÃO NO ENSINO RELIGIOSO, 163

   6.1 Paradigmas educacionais, 168

CONSIDERAÇÕES FINAIS, CXCIX

REFERÊNCIAS, CCV

RESPOSTAS DAS ATIVIDADES, CCXIII

SOBRE A AUTORA, CCXV

Apresentação

Os capítulos abordados neste livro têm o objetivo de explicitar as questões metodológicas do Ensino Religioso para os anos finais do ensino fundamental e para o ensino médio. Para tanto, esta obra procura ressaltar aspectos referentes ao desenvolvimento humano nas fases da pré-adolescência e da adolescência, bem como tratar de questões relacionadas ao multiculturalismo.

O enfoque multicultural alicerça a possibilidade de se compreender que o fenômeno religioso se estabelece por meio de múltiplas linguagens, formas simbólicas de expressão que possibilitam o comunicado dos mitos e a prática dos ritos. Esses são os elementos básicos constitutivos das estruturas religiosas.

Tendo compreendido esse contexto de elementos que se inter-relacionam para dar ancoragem à metodologia específica do Ensino Religioso, o leitor verificará que o último capítulo da obra trata das questões pertinentes ao processo de avaliação, que é sumamente importante à práxis pedagógica adotada pelo professor no desenvolvimento de suas aulas, desde o planejamento até a execução.

Este volume apresenta, de maneira progressiva, reflexões que pretendem auxiliar o professor na realização de seu projeto profissional na disciplina de Ensino Religioso. A prática de sua docência é amplamente discutida, tendo como pano de fundo o cenário diverso das culturas religiosas formadoras do ambiente no qual vivem cidadãs e cidadãos brasileiros.

Acima de tudo, tencionamos, com esta publicação, inspirar e subsidiar a professora e o professor de Ensino Religioso, a fim de que seu trabalho se torne também um motivo a mais para a sua realização como ser humano.

INTRODUÇÃO

No Ensino Religioso, como nas demais áreas do conhecimento, a metodologia acompanha todas as etapas do processo de ensino-aprendizagem, tendo a função de delimitar ações e prever destinos. A metodologia consiste no "mapa de viagem" que orienta os passos do professor em sua atuação rumo aos seus objetivos pedagógicos.

A metodologia e seu desdobramento em passos metodológicos garantem ao professor o traçado prévio de suas intervenções, tendo sempre em vista o motivo destas e os objetivos que se pretende atingir. Sem metodologia, não há caminho, não há ponto de chegada ou de partida. A educação é fundamentada em princípios epistemológicos de construção do conhecimento, portanto, é margeada e direcionada conscientemente em todas as suas implicações e interações.

A metodologia está na base teórica que norteia o fazer pedagógico, na escolha dos materiais e conteúdos, nas atividades propostas, nas reflexões que levam em conta a idade e a maturidade social, psicológica e cognitiva dos educandos, bem como em todos os processos avaliativos que, se bem utilizados, auxiliam na reflexão sobre a prática pedagógica e sobre a própria abordagem metodológica.

Como nas demais áreas, o trabalho com o Ensino Religioso deve ser planejado cuidadosamente, estabelecendo-se objetivos a serem atingidos em determinado período de tempo, considerando as características de cada turma de estudantes e pautando-se pela legislação atual das diretrizes curriculares nacionais e municipais. As atividades subsidiadas pela metodologia fundamentam o processo avaliativo que permeia toda a prática pedagógica no cotidiano da sala de aula. Todas essas informações fazem parte da reflexão pedagógica desenvolvida neste livro.

Um

Metodologia para o Ensino Fundamental – anos finais – e para o Ensino Médio

O Ensino Religioso se organiza no contexto educacional como uma área do conhecimento e se apresenta na grade curricular das escolas como disciplina, com horário e conteúdos próprios. Isso significa que, para o trabalho pedagógico em Ensino Religioso, o professor deve nortear-se por uma metodologia adequada e seguir determinados passos metodológicos, a fim de que possa desenvolver suas aulas tendo sempre em vista o objeto da disciplina – as diferentes manifestações religiosas que compreendem o fenômeno religioso. O objeto de estudo dessa disciplina sugere vários conteúdos que são desenvolvidos respeitando princípios organizativos básicos, e esses conteúdos originam as temáticas das aulas. O texto deste capítulo trata de ambientar o professor no contexto multicultural brasileiro, evidenciando a importância e a origem dos conteúdos que serão trabalhados em sala de aula, bem como aponta para a reflexão metodológica como meio de aproximação entre professores, alunos e saberes.

Sendo uma área do conhecimento, o Ensino Religioso assume postura e diferenciais próprios. Ele não mais se confunde com "aula de religião" ou catequese, escola bíblica ou, ainda, com qualquer modelo de doutrinação, pois a disciplina não pressupõe a adesão por parte dos alunos e muito menos o proselitismo ou a propagação de uma determinada crença religiosa. Sua especificidade é a decodificação ou análise das manifestações do sagrado, possibilitando ao educando o conhecimento e a compreensão do **fenômeno religioso** como fator cultural e social, bem como uma visão global de mundo e de pessoa, promovendo, assim, a formação do cidadão multiculturalista. Portanto, de acordo com os Parâmetros Curriculares Nacionais para o Ensino Religioso (PCNER)[50], documento publicado em 1997:

> *Aprendendo a conviver com diferentes tradições religiosas, vivenciando a própria cultura e respeitando as diversas formas de expressão cultural, o educando está também se abrindo para o conhecimento. Não se pode entender o que não se conhece. Assim, o conceito de conhecimento do Ensino Religioso, de acordo com as teorias contemporâneas, aproxima-se cada vez mais da ideia de que conhecer é construir significados.* (p. 39)

O objeto de estudo do Ensino Religioso compreende o conjunto das diferentes manifestações do sagrado. Este fenômeno, o religioso, acontece no universo de uma cultura, é influenciado por ela e, consequentemente, também a influencia.

Os conteúdos derivados do fenômeno religioso com enfoque nas manifestações do sagrado são delimitados por uma ordenação que compreende o estudo da alteridade, das culturas e tradições religiosas, do espaço sagrado, dos símbolos, dos rituais, das mitologias, da vida e da morte, do tempo sacralizado e celebrado, das personagens importantes que fizeram história, do sagrado feminino, da arte religiosa, entre outros.

Esses conteúdos se organizam em temáticas conforme a faixa etária e o nível de maturidade de cada ano letivo. Enquanto nas séries iniciais do Ensino Fundamental as temáticas abrangem o reconhecimento da diversidade e a capacidade de dialogar com o diferente, nas séries finais e no ensino médio as temáticas aprofundam questões mais complexas da existência do ser humano e de seu fazer religioso.

A metodologia de ensino organiza a pesquisa do professor e sua postura didática, enquanto os passos metodológicos consistem na definição de etapas a serem cumpridas, a fim de que o processo educativo se efetive, atingindo, dessa forma, os objetivos propostos no plano curricular. A metodologia escolhida para o desenvolvimento do processo de construção do conhecimento na disciplina de Ensino Religioso é a fenomenológica, vertente que possibilita o estudo de diferentes manifestações culturais sem fazer uso de julgamentos de valor, condição imprescindível para o trato com os diferentes conhecimentos culturais religiosos.

O Ensino Religioso visa, portanto, reconhecer a existência do pluralismo e da diversidade cultural presentes na sociedade brasileira, facilitando a compreensão das formas que exprimem a relação do humano com o Transcendente/Imanente, na busca da superação da finitude e da angústia, entre outros sentimentos que determinam o processo histórico-religioso da humanidade. Tudo isso, a seu tempo, por meio de uma metodologia que promova a observação da manifestação religiosa em estudo, a busca da sua compreensão e a reflexão da sua expressão[73].

O Ensino Religioso mudou e apresentou ao país um novo paradigma, por isso, enfrenta diversos desafios para que se efetivem as suas propostas. Inicialmente, aquele "estranhamento face ao diferente" pode causar certa repulsa ao novo, evidenciada por resistências. São reações emocionais esperadas, pois o novo acaba por atemorizar, mas, com o conhecimento, esse temor cede lugar à compreensão.

Historicamente, todas as mudanças, inclusive aquelas de concepções científicas, causaram muito medo. Um medo extremo, que condenou muitas pessoas à morte e que, de alguma forma, ainda o faz, pois as novidades ainda são vistas como algo perigoso e, muitas vezes, no espaço escolar, as novas perspectivas encontram resistências iniciais e necessitam de um longo tempo até que sejam apreendidas.

Por outro lado, o desconhecido instiga e gera o desejo de conhecer. Toda pergunta busca respostas. As religiões, por sua vez, geraram essas respostas e, com isso, tornaram-se bússolas condutoras dos indivíduos em momentos cruciais. O conhecimento religioso também favorece a aceitação do que não pode ser mudado, como a morte e certos destinos da vida humana, pois atenua a dor, oferecendo respostas, desfazendo "confusões".

Hoje, além das conturbadas mudanças paradigmáticas, deparamo-nos com a provisoriedade dos paradigmas. Um paradigma é algo muito complexo, que engloba regras, estabelece limites e sugere como se deve atuar dentro destes, a fim de se obter os resultados esperados, objetivos estes que também são traçados de acordo com a visão paradigmática vigente.

As várias tendências pedagógicas sempre foram motivadas por paradigmas que, de certo modo, expressavam o nível de entendimento do mundo, dos seres humanos e da vida, que determinado período histórico alcançou. Melhor dizendo, cada paradigma emergiu como resultante da experiência e dos conflitos vividos não apenas no espaço escolar, mas em toda a sociedade. Os paradigmas foram vividos, cumpridos e modificados no decorrer do tempo paralelamente aos avanços, às conquistas e às novas compreensões trazidas pela educação. Ninguém vive transformações sem que estas sejam sedimentadas profundamente em seu interior.

As mudanças implicam tempo, um constante ir e voltar e, muitas vezes, parar no meio do caminho para se refletir sobre a própria prática e se observar os resultados, adequando, de maneira gradual, o pensamento e as práticas usuais às novas realidades que nos são propostas.

Os paradigmas inovadores do Ensino Religioso levam em consideração que cada indivíduo é um organismo vivo, inteiro, diverso e particular, que precisa ser educado não só para repetir fórmulas, mas para ser cada vez mais sensível, crítico e atuante.

Nesse pormenor, o professor de Ensino Religioso, ao abordar conteúdos dessa disciplina, busca trabalhar de forma a contemplar o todo, superando a visão fragmentada e a simples reprodução de conhecimentos. Ele dispõe da abordagem de conteúdos em rede, que relacionam os conteúdos entre si e conduzem à interdisciplinaridade. Para tal, é de suma importância buscarmos novas formas, novos passos metodológicos que sejam significativos para os alunos e que os instiguem no processo de aprendizado.

O professor é, juntamente com seus alunos, um pesquisador e, como tal, deve instigar cada educando a "aprender a aprender". Como afirma Demo[40], o professor é um pesquisador ativo, o que o torna um sujeito que também constrói cotidianamente seu conhecimento, sendo capaz de reformular conceitos e de gerar novas indagações. O autor[40] explica que "Educar pela pesquisa tem como condição essencial primeira que o profissional da educação seja pesquisador, ou seja, maneje a pesquisa como princípio científico e educativo e a tenha como atitude cotidiana" (p. 2).

O processo de pesquisa sobre o fenômeno religioso é instigante e não tem fim, alicerçando-se nos pressupostos da fenomenologia, que aponta para o fato de que o estudo deve descrever sem julgar, a fim de que se possa mergulhar nos fenômenos e conhecê-los.

Atualmente, no amparo da Lei de Diretrizes e Bases da Educação Nacional (LDBEN), de 12 de dezembro de 1996 (Lei nº 9.394/1996), com a nova redação do art. 33, em 1997, a diversidade religiosa é enfatizada. Como consequência, o Ensino Religioso adquiriu um perfil de maior rigor científico e respeito para com as religiões do mundo.

A metodologia orientadora da relação entre o conteúdo e o estudante se desdobra quando se trata da aplicação didática dos conteúdos em etapas. Estas consistem na organização dos passos a serem dados, a fim de que o processo educativo se efetive, cumprindo, dessa forma, os objetivos propostos no plano curricular.

Sugere-se que cada aula parta de um **ponto introdutório** capaz de proporcionar motivação, organização do espaço interior e exterior, bem como apresente, de maneira interessante, a temática que será desenvolvida.

No momento seguinte, sugere-se como passo metodológico a realização da **observação-reflexão-informação**. Segundo o Fórum Nacional Permanente do Ensino Religioso (Fonaper)[50], esses momentos se interligam em uma dinâmica, em um movimento constante; portanto, não são estanques e nem isolados. Desse modo, busca-se decodificar e analisar os elementos básicos que compõem o fenômeno religioso, enfocando os conteúdos em uma rede de relações e de forma progressiva, propiciando ao aluno a ampliação de sua visão de mundo, o exercício do diálogo inter-religioso e a valorização das diferentes expressões religiosas e místicas a partir do seu contexto sociocultural.

No terceiro e último momento, realiza-se uma **síntese**, na qual o fechamento de uma etapa consiste na clareza dos elementos mais importantes que constituem o objeto estudado, resultando em mudanças de comportamento por parte do estudante no que se refere ao seu relacionamento com os dados contemplados na sua vida prática e cotidiana. Por exemplo: após estudar o papel e a função das religiões, o educando pode demonstrar atitudes éticas no seu relacionamento com pessoas de diferentes crenças.

A avaliação faz parte do processo metodológico, portanto, é um elemento integrador entre o aluno e o professor. Sendo os seus critérios vinculados à organização curricular, a avaliação, entre outras atribuições no processo de ensino-aprendizagem, permite ao professor conhecer o progresso do aluno e reelaborar a sua prática pedagógica quando necessário.

O ato de avaliar pode se tornar um instrumento insubstituível no processo de conhecer aquilo que se apreendeu – e como se apreendeu –, bem como uma forma ímpar de verificação do instrumento metodológico adotado pelo sistema de ensino e pelos professores.

A avaliação é um processo que influencia significativamente toda a prática escolar e as relações interpessoais. No processo avaliativo do Ensino Religioso, não há intenção de aprovar ou reprovar os alunos, pois sua função orientadora e diagnóstica conduz o planejamento pedagógico, a fim de que o trabalho se realize favorecendo o processo de aprendizado. O caráter da avaliação no Ensino Religioso parte do princípio de inclusão, permeia toda a prática no cotidiano da sala de aula. Os conteúdos e processos de avaliação terão sempre em vista a diversidade – o foco na alteridade é norteador da própria filosofia da disciplina de Ensino Religioso.

A alteridade compreende o reconhecimento da existência do diferente, do outro, pretendendo, nesse item, não apenas reconhecer essa existência múltipla, mas tratá-la com respeito e cuidado. Nesse conteúdo, a ética é amplamente estudada. *Éthos* é uma palavra de origem grega que significa "caráter". Dela deriva a palavra *ética*, que é o ramo da filosofia que analisa o comportamento humano, englobando os costumes e as maneiras de viver e conviver das pessoas, ou seja, ela analisa, com profundidade, a subjetividade humana.

A educação religiosa escolar está intrinsecamente ligada à ética, pois os conhecimentos religiosos se vinculam aos valores de cada cultura religiosa. Por meio dessa vertente, as religiões se aproximam umas das outras, sendo possível levar os educandos a perceberem que, mesmo nas diferenças religiosas, é possível uma convivência solidária, fraterna e pacífica.

Os alunos fazem parte de uma história e de um contexto de diversidade religiosa, pois o Brasil é um país constituído por diferentes culturas e religiões. E é nesse ambiente complexo que encontros, desencontros, projetos, políticas, amores e muitos outros modos de interação vão se estabelecendo e conduzindo a sociedade a se definir nos moldes de um perfil que, com o tempo, flexibiliza-se e se transforma.

Todo esse movimento gera também a socialização de conhecimentos religiosos que, além de serem dados culturais, são agentes que definem comportamentos sociais, haja vista que evidencia a importância de se compreender tais fenômenos, a fim de se localizar os motivadores dos comportamentos das pessoas na sociedade.

A escola oferece ao aluno, por meio do Ensino Religioso, o desafio de compreender esse universo complexo, ajustando-se a ele a fim de favorecer sua inserção social e o exercício consciente da cidadania.

O respeito à diversidade é um dos resultantes do conhecimento aprofundado sobre os fenômenos religiosos, dando ao aluno condições de compreender e respeitar o outro e a si mesmo, alicerçando, desse modo, a possibilidade do estabelecimento de relações democráticas.

O estudo das culturas e das tradições religiosas tem o intuito de analisar as raízes das manifestações de religiosidade, buscando compreender o modo de ser, pensar e agir das pessoas, pois as determinações religiosas permeiam a vida cotidiana delas.

Estudar as manifestações culturais e religiosas no nosso contexto social e no mundo possibilita-nos compreender o que é cultura, o que é fenômeno religioso, a importância e a influência da religião na vivência diária das pessoas e como se estabelecem as relações na convivência com diferentes grupos religiosos.

O ser humano é essencialmente religioso. Conforme as teorias da psicologia analítica junguiana (citado por Jacobi[67]), o ser humano possui o instinto religioso, portanto, tem necessidade do Sagrado e busca de uma ou de outra maneira o sentido mais profundo de sua existência; mesmo na negação da religião, encontramos uma preocupação humana sobre o tema.

O ser humano não apenas faz religião como também a nega. Esse é o movimento dialético que impulsiona os indivíduos: ora a devoção e a prática da religiosidade, ora o afastamento do ato religioso, para questioná-lo e iluminar esse fenômeno sob o ponto de vista da racionalidade, outra dimensão estritamente humana.

Enfim, para que o professor encontre condições apropriadas para o estudo, é fundamental que ele, de tempos em tempos, afaste-se emocionalmente dos conteúdos e compreenda, livre de preconceitos e sem fazer comparações prévias, que cada religião se estrutura de acordo com toda a gama de fenômenos aos quais ela esteve sujeita até aquele dado momento.

Sem dúvida alguma, o que está por trás de toda a intolerância religiosa é o ato de desconhecer, ignorar a complexidade antropológica que alicerça o desenvolvimento de cada tradição religiosa.

O conhecimento religioso produzido pela humanidade é um patrimônio desta. Por muito tempo, questionou-se a relação entre saber e poder, e não é justo que o conhecimento religioso seja mantido fora do alcance da grande maioria das pessoas.

Se a prática educacional objetiva a tomada de um maior grau de consciência, conhecimento e compreensão da realidade, na qual agimos sob forma teórica e prática, há o desafio constante de se trabalhar uma pedagogia que favoreça a reflexão sobre o fenômeno religioso. É necessário que se aborde o conhecimento das manifestações religiosas e que se compreenda a complexidade da questão, a fim de que todo esse processo educativo conduza ao diálogo, possibilitando, assim, a vivência intercultural, elemento básico para que se estabeleça a cultura da paz na mediação de conflitos.

No Ensino Religioso, sugerimos que se criem condições para que o estudo das diferentes manifestações do Sagrado (fenômeno religioso) seja realizado em parâmetros coletivos de construção do conhecimento, a fim de que se atue na prática coletiva das pessoas, transformando a realidade em uma possibilidade de vivenciar o respeito à alteridade, por meio da compreensão do universo religioso. Numa dimensão antropológica, o Ensino Religioso, como uma das áreas de conhecimento, favorece a compreensão das diferentes expressões religiosas, possibilitando uma visão global de mundo e de pessoa.

A análise de preconceitos se mostra uma interessante alternativa a ser utilizada para que o professor de Ensino Religioso venha a conhecer melhor e mais profundamente o fenômeno religioso, de modo que supere antigas convicções. Segundo Voltaire[114], em seu *Dicionário filosófico*, os preconceitos podem ser de diversas naturezas – ele cita os preconceitos de ordem sensorial, física, histórica e religiosa. Nessa área do conhecimento, ao se debruçar sobre essa última forma de preconceito citada, o professor perceberá a relação existente entre as diferentes formas de preconceitos. Do mesmo modo, todo o conhecimento se dá em redes de conhecimentos, pois nada é isolado. Esse fato não pode, de forma alguma, ser desconsiderado.

1.1
ENSINO RELIGIOSO NO ENFOQUE DOS SÍMBOLOS, RITUAIS E QUESTÕES DE GÊNERO

AS TEMÁTICAS DERIVADAS DOS SÍMBOLOS tratam de decodificar representações, permeando-lhes os sentidos com novas possibilidades. Isso significa que, ao tratar da simbologia religiosa, o professor deve ter o cuidado de não "fechar" conceitos, pois todo símbolo é "vivo" e, portanto, polissignificativo.

Os símbolos podem ser religiosos ou não, porém sempre encerrarão significações de tendências inconscientes. Isso significa que os símbolos brotam das instâncias do subconsciente e se organizam de forma conceitual na esfera consciente. Portanto, um símbolo é sempre um elemento de expressão da totalidade da psique humana.

A simbologia religiosa, além de expressiva, é indissociável das práticas ritualísticas de todos os povos. As religiões se valem de uma imensa gama simbólica para comunicar ideias que, de outro modo, não seriam comunicáveis.

O mito, por exemplo, expressa-se em linguagem simbólica. Predominante no âmbito religioso, a linguagem mítica pretende despertar, incitar o ser humano para uma jornada interior em busca da totalidade, ou seja, a uma integração de todo o seu ser consigo mesmo, com os outros (incluindo aí toda a natureza) e com o Transcendente. Além do texto veiculado no mito, as diferentes imagens, estátuas, objetos, vestimentas, posições, entre outras possibilidades, são muitas vezes expressões simbólicas importantes nas diferentes culturas religiosas. É importante que o professor de Ensino Religioso tenha em vista a expansão dos conceitos transmitidos pelos mitos, possibilitando, desse modo, novos pontos de vista, que podem auxiliá-lo na decodificação dos símbolos religiosos oriundos de diversas culturas.

O conceito de símbolo é amplo, mas podemos ressaltar, especificamente, o significado de agrupar, reunir, pois o símbolo é algo que reúne e que manifesta um sentido (ou sentidos) não perceptível de outro modo. Há algo de invisível que se faz representar por meio do símbolo.

Para Kast[75], o símbolo se diferencia dos sinais, pois estes últimos têm significado fixado por meio de uma convenção, não possuindo outros significados que não os impostos a eles (não há nada implícito), enquanto que o símbolo é enigmático e encobre uma multiplicidade de interpretações.

Ao tratar do conteúdo que aborda os rituais religiosos, é importante salientar que estes fazem a veiculação dos mitos por meio dos seus símbolos. Os rituais religiosos marcam o tempo, sacralizando-o, e são responsáveis por mobilizar forças psíquicas organizativas nos indivíduos. Melhor explicando, pode-se exemplificar os rituais funerários, que cumprem a função de auxiliar as pessoas no processo de superação do desespero em relação à experiência da morte.

Os rituais de cada cultura religiosa obedecem a prescrições e seguem uma linguagem estritamente cultural que se limita, por vezes, a um âmbito geográfico, influenciando-o e sendo influenciado por ele. Temos o ritual como um sistema cultural que se comunica por palavras, gestos, imagens e sons simbólicos.

Uma das diferenciações que se faz entre ritual e rito consiste no fato de que o primeiro se constitui em uma totalidade consolidada por diferentes gestos, parcelas, ritos, em sua composição final. Um exemplo que ilustra esse conceito é o ritual do casamento, que nada mais é que um todo composto por vários ritos, entre eles a benção das alianças. Os ritos, por sua vez, possuem várias classificações – entre elas, encontramos os **ritos de passagem** (nascimento, puberdade, casamento, morte); os **ritos de participação da vida divina** (oração, sacrifício, consagração de pessoas ou lugares) e os **ritos de propiciação** (que podem ser agrários, purificatórios ou expiatórios).

O trabalho pedagógico do Ensino Religioso focado em versar os diferentes ritos leva ao conteúdo curricular intitulado A *sacralização do tempo e do espaço*, que consiste em perceber como o ritmo da vida, dos dias, do ano e dos eventos são celebrados por meio de diferentes rituais religiosos, como, por exemplo, o calendário litúrgico dos cristãos, dos islâmicos, entre outros.

O conteúdo que trata das mitologias busca a compreensão das histórias sagradas de cada cultura religiosa, concebendo-as por meio de suas expressões metafóricas. O texto sagrado evidencia o mito, seja o texto escrito ou oral. Cada tradição possui explicações e histórias próprias para contar como se deu o surgimento da vida na Terra, para falar de Deus, Deusa, Deuses ou Deusas, bem como de demônios, anjos, animais sagrados etc.

O mito veicula ensinamentos importantes para os seguidores de uma determinada tradição religiosa. Nele estão embutidos valores fundamentais, modelos de comportamento e práticas que os adeptos devem realizar para entrar em contato com um grau mais elevado de espiritualidade.

A metodologia fenomenológica adotada no Ensino Religioso pressupõe que o professor trabalhe os diferentes mitos a partir das perspectivas interpretativas de cada cultura originária do mito estudado. Desse modo, evitam-se as interpretações pessoais ou, ainda, de terceiros, sobre uma dada cultura religiosa, o que acaba por desvirtuar os seus sentidos originais.

Quando determinado mito é apresentado, o professor deve ter o cuidado de apresentar, no mínimo, um mito de cada matriz religiosa: a africana, a indígena, a ocidental e a oriental, a fim de evitar a abordagem exclusivista e limitada de uma ou duas vertentes culturais religiosas.

No tocante ao trabalho com as questões relacionadas à vida e à morte, o professor deverá trazer, para as reflexões em sala de aula, quatro explicações apontadas pelas religiões no que diz respeito ao destino de uma pessoa após a sua morte. A sugestão do estudo relativo às quatro explicações, ou seja, à **reencarnação**, à **ressurreição**, à **ancestralidade** e ao **nada**, são sugeridas pelo Fonaper[50].

A vida e a morte são realidades em movimento. Ninguém vive sua vida sem viver sua morte, assim como ninguém vive a sua morte sem ter vivido sua vida. Essas realidades se comunicam o tempo todo. Se olharmos para a nossa própria história de vida, veremos tantas coisas que já deixaram de existir, "mortes" que tornaram possível a vida nova surgir, como, por exemplo, o fim de nossa infância que, por sua vez, deu lugar a nossa juventude e assim por diante.

Convivemos diariamente com esse movimento cíclico de fim e começo. No entanto, existe uma forma definitiva de morte, em que deixamos definitivamente os nossos corpos físicos e, portanto, a vida material com a qual estamos tão habituados. Para onde vamos, então? Essa pergunta sempre acompanhou o ser humano e este, por sua vez, encontrou respostas no universo das religiões – respostas diferentes, conforme o contexto cultural e geográfico do qual emergem as religiões.

As religiões do mundo se organizam a fim de pautar a vida de seus seguidores em conformidade com a crença convencionada para a vida após a morte. As alternativas variam conforme a crença religiosa. Alguns creem na reencarnação; outros na ressurreição ou na ancestralidade; por outro lado, existe a crença que afirma que, após a morte, a identidade do indivíduo desaparece com ele.

Outro cuidado muito importante que o professor de Ensino Religioso precisa ter diz respeito ao estudo do sagrado sob a perspectiva do feminino, gênero este que, mesmo representando metade da humanidade, ainda assim foi rejeitado e excluído durante muito tempo.

Encontram-se diferentes concepções para a palavra *gênero*, porém o que mobilizou a sua utilização no meio social foi a identificação de desigualdades entre homens e mulheres. Desigualdade essa que vem sendo questionada com mais veemência a partir do século XX, por feministas do mundo inteiro.

Relações de poder são, muitas vezes, geradoras de instrumentos normativos dentro das diferentes tradições religiosas e fora delas. Muitas vezes, essas relações penderam historicamente, conferindo vantagens ora para as mulheres ora para os homens. Porém, houve momentos em que ambos os gêneros cooperaram e resguardaram o valor mútuo, alicerçando sentimentos de autoestima e de dignidade na identificação de sua própria posição no mundo.

A participação do feminino nas estruturas religiosas passou por diferentes formas, da adoração ao princípio feminino como elemento sagrado gerador de vida para a negação desse mesmo princípio, sendo ele visto como elemento que conduz à sensualidade e, consequentemente, à morte.

Rumamos historicamente do respeito à mulher sacerdotisa ao medo dos poderes biológicos e psíquicos desta. A divinização do corpo feminino, do eros e da terra cedeu lugar à "diabolização", à segregação e à exploração das mulheres, da sexualidade, da terra e de todos os seres que a habitam. A história da humanidade transcorre em um jogo de polaridades, no qual poderes femininos e poderes masculinos se contrapõem, e as tradições religiosas, por sua vez, expressam esse conflito por meio da divisão não igualitária de papéis e de conflitos complexos.

Esse cenário de disparidades traçou, no decorrer da história, diferentes caminhos que, ao serem contemplados, podem sugerir uma importante reflexão acerca do papel do sagrado feminino nas diferentes estruturações religiosas, bem como o entendimento que estas fazem do princípio feminino e do princípio masculino como unidades condicionantes para a criação da vida na Terra e expressão do sagrado no interior e exterior dos templos, utilizando os mitos. Estes, por vezes, deixam transparecer esse estreito jogo de polaridades, transformando as relações entre os gêneros em jugo de uma porção sobre a outra.

Pensar o feminino, ou seja, na participação das mulheres no mundo religioso, implica compreender qual a posição que elas ocupam no âmbito do sagrado – muitas vezes, o gênero feminino teve um lugar privilegiado, pois a divindade criadora era reconhecidamente feminina. Em outros momentos históricos, o masculino dominou e Deus se tornou um símbolo essencialmente fálico (masculino).

A questão do feminino no estudo do fenômeno religioso nos leva a buscar a compreensão de religiões que determinaram em seus códigos simbólicos a figura do feminino para a representação do Transcendente e também aquelas que negaram ao feminino esse *status* divino.

Todos esses desdobramentos devem ser levados em consideração no momento de organizar o planejamento de aulas, unidades e projetos, a fim de que os passos metodológicos adotados sejam seguidos conforme a orientação do método da disciplina. É importante manter-se fiel ao enfoque fenomenológico, o que permitirá o passeio pelas diferentes culturas, sem que o professor cometa o erro de traçar julgamentos de valor sobre os comportamentos culturais e/ou religiosos das diferentes comunidades.

Todas as temáticas trabalhadas gerarão conceitos, argumentações que podem e devem ser superadas por novas intervenções, novas pesquisas e incursões sobre a mesma temática. Dessa maneira, o trato pedagógico dos conteúdos respeitará a complexidade da temática tratada pelo Ensino Religioso escolar, possibilitando sempre novos olhares e aprofundamentos.

Síntese

PASSANDO POR DIFERENTES MATIZES PARADIGMÁTICOS no decorrer do trato metodológico do Ensino Religioso, o professor se depara com o desafio de trabalhar com os conteúdos originados das diferentes manifestações do sagrado, sem perder de vista a pluriculturalidade religiosa do povo brasileiro. Isso significa que a metodologia aplicada deve necessariamente contemplar o estudo do diverso, sem rechaços ou posturas de menosprezo para com qualquer instância do sagrado preservada e vivida por uma cultura, um agrupamento humano. A fenomenologia, como método, aborda o ser humano em sua totalidade, levando em consideração as instâncias do pensar, do sentir e do agir. Nesse denso universo onde razão, sentimento e ação são inseparáveis, a fenomenologia se mostra adequada ao estudo das manifestações do sagrado, pois salvaguarda o significado emocional, conceitual e ativo dos fenômenos, mantendo-os ligados à cultura e à interpretação dos povos nos quais o fenômeno se origina. Isso significa que o fenômeno é observado à luz do conhecimento, dos sentimentos e da prática do povo que o vivencia. Desse modo, quaisquer que sejam os conteúdos abordados nas aulas de Ensino Religioso, eles estarão sempre ancorados em fontes primárias e no respeito ao que dizem, fazem e sentem esses homens e mulheres do mundo todo que praticam as religiões de maneiras tão peculiares.

Indicação cultural

O MUNDO de Sofia. Direção: Erik Gustavson. Noruega: Versátil Home Vídeo, 2000. 92 min.

Esse filme pode ser útil para as reflexões da disciplina de Ensino Religioso, uma vez que aborda a história da filosofia ocidental, sem deixar de lado questões referentes à participação das mulheres nesse contexto. A filosofia é a mãe de todas as ciências e permeia o pensamento religioso de todos os povos. Nesse sentido, compreender as indagações humanas auxilia em muito o estudo do fenômeno religioso, que também se debruça sobre essas mesmas indagações.

Atividades de Autoavaliação

1 Marque a alternativa correta.

O Ensino Religioso, como área do conhecimento:

A) confunde-se levemente com "aula de religião", catequese, escola bíblica ou, ainda, com qualquer outro modelo de doutrinação.

B) não pressupõe a adesão e muito menos o proselitismo ou a propagação de uma determinada crença religiosa.

C) sua especificidade é a decodificação ou análise das manifestações de Deus no mundo religioso cristão.

D) visa à formação do "homem novo", conforme o entendimento cristão.

2 Marque a alternativa correta.

O Ensino Religioso, na perspectiva de seus conteúdos:

A) opta livremente pelos mesmos, conforme definição de cada escola.

B) trabalha fundamentalmente com os valores humanos e deixa de lado questões conflitivas relacionadas ao fenômeno religioso.

C) favorece o conhecimento acerca da tradição cristã em detrimento de outras.

D) tem seu foco no fenômeno religioso, tendo em vista as diferentes manifestações do sagrado.

3 A seguinte proposição apresenta duas alternativas corretas. Quais são elas?

O Ensino Religioso desenvolve temáticas que:

I. se originam de conteúdos, tais como: culturas e tradições religiosas, símbolos, rituais, entre outros;

II. podem ser revistas em vários anos letivos, porém ficando mais complexas à medida que avançam os estágios escolares;

III. se pautam na visão patriarcal de sociedade e do sagrado, evitando confronto com as camadas religiosas mais radicais;

IV. favoreçam a evangelização.

Assinale o item correspondente:

A) As alternativas I e II estão corretas.

B) As alternativas I e III estão corretas.

C) As alternativas II e III estão corretas.

D) As alternativas III e IV estão corretas.

E) As alternativas II e IV estão corretas.

4 Marque a alternativa correta.

O método fenomenológico aplicado ao estudo do fenômeno religioso oferece:

A) A possibilidade da quantificação de resultados, gerando gráficos e dados inalteráveis. Desse modo, o subjetivo não é considerado; somente os fatos objetivos e mensuráveis são agregados e tabulados.

B) Ao descrever as culturas religiosas, esse método emite julgamentos de valor, criticando e propondo mudanças para as comunidades observadas, a fim de que estas possam purificar as suas práticas religiosas.

C) Descrição e não explicação, nem análise. É importante voltar aos fenômenos por meio da descrição, porque só assim ela poderá ser o "desmentido da ciência".

D) Possibilidades de criticar abertamente as culturas religiosas, tomando por base as crenças pessoais do pesquisador.

5 Assinale com (F) para falso e (V) para verdadeiro as proposições que complementam o trecho a seguir.

Os passos metodológicos que orientam o trabalho pedagógico no Ensino Religioso fundamentam-se em:

( ) organizar momentos coerentes, buscando, inicialmente, preparar a turma para a temática que será desenvolvida, depois partir para atividades que levem à observação-reflexão-informação, concluindo com uma síntese que favorece a organização mental acerca dos assuntos tratados.

( ) trabalhar com dinâmicas, desenvolvendo a vida criativa e a reflexão sobre os valores humanos.

( ) seguir as etapas do ver, do julgar e do agir.

( ) três etapas: aprender a conhecer, aprender a aprender e aprender a crer.

Agora, assinale a alternativa que apresenta a sequência correta:
A) V, V, F, F
B) V, F, V, F
C) V, F, F, V
D) F, F, F, F
E) V, F, F, F

Atividades de Aprendizagem

Questões para Reflexão

1. Responda ao seguinte questionário:
A) **História de vida**
   1. Descreva a sua experiência religiosa na infância e na adolescência.
   2. Qual o papel da pai/mãe/avós/tias(os) em sua experiência religiosa?
   3. Algum fato dentro de sua instituição religiosa de origem o(a) marcou?
   4. A religião na qual você foi iniciado(a) quando criança foi assumida por você quando adulto(a)?
   5. Alguma individualidade de uma igreja ou de algum grupo religioso exerceu influência sobre a sua espiritualidade?
   6. Você vive, de alguma maneira, a espiritualidade dentro ou fora das instituições religiosas?

B) **Conceitos religiosos**
   1. Qual a sua atual concepção de Deus?
   2. Como você compreende, a partir de seu cotidiano, a experiência religiosa?

3. Existe pecado, céu e inferno em sua concepção religiosa pessoal? Como esses conceitos são abordados?
4. Qual é a sua interpretação de corpo e sexualidade a partir da experiência religiosa?
5. Qual a sua opinião sobre o espaço do feminino nas tradições religiosas e o espaço de pessoas cuja orientação sexual se diferencia do convencional?

c) **Questões gerais**
1. O que significa, para você, respeitar e conhecer teorias religiosas diferentes da sua?
2. Como o Ensino Religioso pode auxiliar na construção de culturas da paz?

2 Se possível, organize um grupo de pessoas que responderão por escrito ao mesmo questionário e, ao final, as respostas de todos poderão ser lidas em voz alta, dando início a uma reflexão coletiva a respeito.

ATIVIDADES APLICADAS: PRÁTICA

1 A partir dos passos metodológicos propostos neste capítulo – 1. preparação do ambiente; 2. observação-informação-reflexão; 3. síntese, e em seus conteúdos abordados, elabore um plano de aula para o Ensino Religioso.

Conteúdos sugeridos:

Culturas e tradições religiosas; símbolos; rituais; mitos; textos sagrados; vida e morte; tempo sagrado; pessoas que mudaram a história a partir da experiência religiosa; arte religiosa; o sagrado feminino.

2 Após a elaboração do plano e a aplicação dele em sala de aula, reúna-se em uma equipe para discutir os resultados obtidos.

DOIS

Pré-adolescência e adolescência

Neste capítulo, a pré-adolescência e a adolescência serão abordadas tendo como pano de fundo a contextualização filosófica da provisoriedade do saber humano. Além das mudanças biológicas e psíquicas, geradoras de muita instabilidade, pelas quais os alunos passam nessa fase de seu desenvolvimento, esses jovens se percebem em um mundo em constante mudança, no qual as "verdades" são questionadas e traduzidas em diferentes tonalidades. À medida que buscam constituir e enraizar suas identidades, eles aprendem a partilhar espaços com pessoas de identidades diferenciadas.

Muitas vezes, a hostilidade que o jovem apresenta em relação ao seu próximo, independentemente da idade deste, traduz seu próprio desespero por não saber-se, por encontrar-se oculto a si mesmo e, portanto, por sentir medo e revolta ao entrar em contato com aspectos que busca negar. Esse período do desenvolvimento humano não é fácil, mas, do mesmo modo, todos os períodos são complexos, cada um trazendo desafios particulares a cada estágio de nossas vidas.

Um traço característico da pré-adolescência e da adolescência é o desejo dos jovens de serem inseridos e aceitos por parte de um grupo e de terem a sensação de completa identificação com ele. O adolescente molda-se aos desejos do grupo para se sentir integrado, querido e pertencente a uma comunidade, que então lhe empresta identidade. Fazendo uso dessa sensibilidade e experiência dos jovens, o professor poderá trabalhar enfatizando esses aspectos que se encontram também nas instituições e agrupamentos religiosos. Enfim, salienta-se a necessidade de vínculo, de aceitação e de identidade que alicerçam o corpo de adeptos das diferentes religiões ou filosofias místicas.

À medida que as fases escolares avançam, a complexidade de conexões de maturidade do indivíduo possibilita maiores reflexões sobre a dinâmica da existência e, portanto, do sentir-se único e plural ao mesmo tempo. Enquanto assume sua identidade, o educando vai partilhando espaços comuns e aprendendo a ser e conviver em um aprendizado que prossegue por toda a sua existência e que extrapola o ambiente escolar.

A ética da diferença permeia todo o trabalho escolar do Ensino Religioso. A área de conhecimento aqui referida se pauta justamente no estudo do conhecimento que brota do ato criador e essencialmente humano de construir representações e significados no âmbito do sagrado.

As pessoas são criativas por natureza, por constituição psíquica. Quando questionam, criam suas próprias respostas e se organizam socialmente em torno delas. É sabido que o ser humano possui dimensão religiosa peculiar à espécie e, esteja ele onde estiver, é influenciado pela história e geografia que o cerca, criará seus mitos e se cercará de deuses. Por meio da linguagem poética dos rituais, aproxima-se da graça divina e mobiliza, em seu interior, forças que o auxiliarão a viver. Igualmente ele fará sua arte, muitas vezes tida como uma inspiração divina ou um presente dos deuses.

Para esse estudo, é importante a utilização de um método que permita ao professor possuir uma postura adequada, para que, dessa forma, ele se aproxime do conhecimento religioso sem julgamentos e valorações peculiares de sua própria constituição cultural religiosa. Esse método deve levar em conta as peculiaridades da faixa etária com as quais o professor trabalha e não apenas se ater às formas de abordagem de conteúdos.

O olhar metodologicamente guiado permite que o professor, ao encontrar o diferente, o diverso, mergulhe na singularidade de seu objeto de conhecimento e descortine as características e formas peculiares de cada cultura religiosa, a fim de lhes compreender os sentidos, tendo a mesma conduta em relação aos sentimentos, posicionamentos e formas de pensar de seus alunos.

Cabe lembrar a provisoriedade do saber e as limitações do conhecer humano, que coloca todo o conhecimento como uma tentativa de aproximação do real, sem, porém, possuir a certeza da apreensão do todo, que sempre escapa em sentidos que mudam conforme a época e as novas percepções.

As pessoas são dotadas de aparatos perceptivos que, ao mesmo tempo em que as inserem em um meio e que possibilitam trocas com este, iludem e mostram miragens da vida e de todos os seus elementos. Os estudos da neurociência acompanham de perto as afirmações da filosofia, ao apontar as lacunas e as falsas apreensões do mundo e das histórias vividas na experiência particular e coletiva.

Já não há mais lugar no trono das certezas; mesmo assim, a aventura de conhecer cada vez mais os meandros da vida, mesmo sabendo que esse conhecimento é ilimitado, é motivo, é "motor ativo", é motivação pela qual o ser se realiza, conhece e vivencia a totalidade da experiência de ser humano em um universo misterioso e encantador.

A totalidade da experiência é possível, o que não significa que a verdade possa ser apreendida em sua totalidade. São posições diametralmente opostas e, ao mesmo tempo, polaridades que exercem atração uma sobre a outra.

A experiência do estar vivo e se reconhecer humano em meio à diversidade de formas, cores e sabores do mundo, de modo a respeitar toda essa diversidade e se permitir comungar de um universo de existências plurais, orienta o prazer do conhecer e a humildade em relação ao que se conhece. Humildade no sentido de húmus, de terra, de base, da qual tudo se origina e para a qual tudo retorna, como parte, como fragmento que, por ora, na experiência da individualidade, percebe-se como todo, porém com rasgos de um saber de si como inconcluso e provisório, numa trajetória de tempos e espaços limitados que fluem na direção do mistério atemporal e ilimitado, sem nome ou identidade.

O que pode causar estranhamento é que os símbolos religiosos desse espaço sagrado, por meio de suas religiões organizadas, muitas vezes acabam por designar identidades e nomes para o mistério e, então, excluem outras possibilidades. Essa exclusão ocorreu historicamente por meio do derramamento de sangue (guerras), tornando o sagrado finito e identificado, ou seja, destituído de sacralidade.

A religião, em sua face mais sombria, repele aquilo que busca, afasta o que procura na medida em que se concretiza em dogmas e preceitos excludentes, criados pelo desejo de poder e hegemonia, características demasiadamente humanas.

As certezas têm nas religiões um campo fértil, pois nestas encontramos respostas para questões fundamentais, muitas delas apresentadas sob a forma de dogmas, aos quais não se permite contestação. Isso talvez explique, mesmo que de forma um tanto irônica, a proximidade das raízes das palavras *religião*, *rebelião* e *revolução*. Segundo esse raciocínio, estão colocados dois destinos – sendo o primeiro aquele que indica a religião como um movimento poderoso de transformação que, ao religar o ser humano ao Transcendente (ou Imanente), o faz a partir da proposta de religação do indivíduo consigo mesmo, com o outro e com a natureza. Para fazê-lo, o homem depende de sua capacidade de se rebelar em relação a uma ordem imposta, que não corresponda aos seus sentimentos e percepções, e de realizar uma revolução que, uma vez iniciada no percurso religioso de cada um, chega a seu termo quando o ser humano encontra uma nova forma de organização de si mesmo e de renovação. O outro destino, estritamente ligado a esses mesmos termos, estaria no fato de que as verdades religiosas, dogmatizadas, são muitas vezes transformadas em armas de guerra, instilando o ódio entre os povos e gerando, de certo modo, mesmo que de forma velada, a cobiça. O ódio se instala pela diferença, fazendo com que a crença de um indivíduo ameace a crença de seu próximo e, dessa forma, faz-se necessário combatê-la até mesmo com a morte, pois a alma que não pode ser salva pela palavra, que se crê absoluta, deve ser destruída, a fim de não provocar em outras almas uma espécie de contaminação psíquica que poderia vir a enfraquecer a fé.

É tarefa do professor, como instigador da busca da compreensão do fenômeno religioso, perceber essas dimensões e abordá-las, não no sentido de desqualificar alguma(s) crença(s), mas sim de apontar a diversidade de crenças e a origem de tais construções ao longo do tempo. Deve-se visar ao reconhecimento das diferentes funções religiosas, salientando a diversidade de linguagens e sua expressão metafórica.

Não cabe ao conhecimento científico, no âmbito do Ensino Religioso, emitir julgamentos de valores, ainda mais porque cada tradição religiosa, filosofia mística ou esotérica lida com verdades que são fortemente carregadas de energia afetiva e, muitas vezes, que constituem importantes pilares na constituição do sujeito.

A abordagem do conhecimento religioso na escola não pretende embaraçar ou se colocar contra as condutas religiosas das diferentes culturas; ao contrário, ela intenta lançar um olhar que busca conhecer e compreender, a fim de respeitar as posições religiosas, tão diversas em nossa sociedade.

A busca pela verdade religiosa é uma questão de cunho pessoal; cada um tem o direito de fazer sua busca e suas incursões com total liberdade. Os sujeitos compreendem os outros e a si mesmos à medida que conhecem, pesquisam, refletem, observam e agem no mundo.

De igual maneira, adolescentes e pré-adolescentes, na busca de sua identidade, podem encontrar a diferença, perceberem-se como seres singulares e, ao mesmo tempo, plurais em outros aspectos. Conscientizando-se de seu direito à diferença sem, contanto, perderem de vista as características que os fazem parte da humanidade, os jovens podem conduzir seus complexos processos de autoconhecimento com mais tranquilidade no que se refere à aceitação de si mesmos como pessoas em constante reinvenção de si mesmas, passando pelos caminhos do diverso e do igual.

Na época atual, as verdades se relativizaram, já não somos portadores de um único conhecimento que possa ser tido como verdadeiro ou absoluto. Morin[92] aponta três princípios para a incerteza nos conhecimentos: o cerebral, em que o conhecimento é tradução e construção e nunca reflexo do real; o físico, que leva em consideração que o conhecimento de fatos faz parte do campo da interpretação; e o terceiro, o epistemológico, apontando para a crise dos fundamentos da certeza – lembrando que, na filosofia, a certeza é questionada a partir de Nietzsche e, na ciência, a partir de Bachelard e Popper.

"Conhecer e pensar não é chegar a uma verdade absolutamente certa, mas dialogar com a incerteza", diz Morin[92] (p. 59). Esse diálogo com a incerteza é inerente à condição humana; apesar de todas as certezas que as religiões oferecem, percebemos as profundas diferenças. Quer queiramos ou não, estamos imersos em um mundo cujo diálogo com a incerteza favorece a posição humilde e humana de ouvir e dizer, sem a busca de pregar certezas, mas com a intenção de obter novas perspectivas que favoreçam o olhar amplo e aberto sobre o fenômeno religioso em sua diversidade.

As palavras que utilizamos para conceituar, nominalizar, classificar e para transmitir conhecimentos estão inseridas no campo do simbólico. Os sons que são escritos ou verbalizados criam imagens mentais e se convertem em uma multiplicidade de significações na consciência do aluno. Ainda de acordo com Morin[92], "Todo conhecimento constitui, ao mesmo tempo, uma tradução e uma reconstrução, a partir de sinais, signos, símbolos, sob a forma de representações, ideias, teorias, discursos" (p. 24).

O professor, em sua pesquisa e em seu desenvolvimento pedagógico, não está imune. Especificamente na disciplina de Ensino Religioso, ele encontra forças oriundas de diferentes segmentos sociais, que, em certa medida, exercem pressão na defesa de suas verdades. São os segmentos religiosos que muitas vezes proclamam a sua convicção como a única verdade possível, ideologias políticas que, em defesa de objetivos econômicos, de poder, entre outros, acabam por impor determinadas ações que interferem no campo da ciência e mesmo em diferentes grupos que defendem teorias pedagógicas como verdades únicas.

Se a prática educacional objetiva a tomada de um maior nível de consciência, conhecimento e compreensão da realidade na qual agimos sob forma teórica e prática, há o desafio constante de se trabalhar uma pedagogia que favoreça não apenas a aquisição de conhecimentos, mas a sua produção. Não cessando seu curso nesses processos, mas voltando à realidade do mundo, da sociedade e da cultura, a fim de dialogar com esses espaços, favorecendo o surgimento de novas perspectivas de atuação e compreensão da vida.

Tendo clareza dessa complexidade que a disciplina traz, é importante que o educador atente objetivamente para as características de cada faixa etária (especificamente, nesta obra, a pré-adolescência e a adolescência), a fim de adequar os conteúdos ao sistema integrativo da formação psíquica dos educandos, evitando, assim, descompassos entre os conteúdos e as possibilidades de incursões nesses conteúdos por parte do corpo discente.

O conhecimento religioso obtido na vivência comunitária ou isolada de cada um não é transferido apenas por meio de teorias racionais, mas é comunicado de forma subjetiva a cada um, na compreensão que cada sujeito faz do amplo código simbólico que a ele se apresenta. Não se transfere conhecimento, cria-se, interpreta-se, interage-se com ele constantemente; portanto, o mundo religioso se apresenta sempre dinâmico, em transformação, sofrendo intervenções de acordo com a percepção particular de cada indivíduo, grupo, comunidade e cultura.

Pré-adolescentes e adolescentes, além da vivência pessoal e comunitária de sua própria fé religiosa, tendem a exercitar sua capacidade de serem singulares por meio da reflexão crítica e, muitas vezes, do desejo tenaz de se tornarem diferentes de seus pais, a fim de assegurarem a si próprios a sua singularidade, não mais imersos no mundo emaranhado do "eu" e do "tu" como uma única coisa. A criança pequena, ainda imersa nesse largo materno e também paterno, tende, à medida que cresce, a se afastar dele e, muitas vezes, a negá-lo, a fim de desvencilhar-se das teias da indissociação familiar, que, em sua experiência original, significavam a indiferenciação entre a criança e a mãe, ainda sentida no útero materno.

O adolescente, muitas vezes sem habilidade para lidar com essas energias que o levam a tornar-se diferenciado, escolhe caminhos como a crítica e a negação dos valores familiares; outras vezes, fecha-se em uma "concha", a fim de se proteger do sentimento de ser tragado pela força da indiferenciação familiar.

É comum nessa fase evolutiva que os jovens estudantes combatam com grande intensidade emocional as formas ideológicas que herdaram da família; muitas vezes, o fato de o indivíduo dizer-se ateu significa um passo rumo a essa liberdade e autonomia, em relação à "fôrma" na qual foi educado familiarmente. Porém, mais do que uma consciência religiosa, há aqui uma tentativa de construção da individualidade e uma busca ansiosa por identidade.

Outros adolescentes mantêm as tradições e resguardam os ensinamentos familiares, buscando em outras áreas a realização de sua identidade diferenciada. Porém, quando essa diferenciação não acontece em nenhuma instância, é sinal de que algo ficou preso no passado, há uma negação em crescer, em ser homem e mulher em um mundo de responsabilidades, prazeres e dores.

Cabe ao professor de Ensino Religioso o desenvolvimento da habilidade de lançar um olhar flexível para os fenômenos que se apresentam a ele nas diferentes manifestações de seus alunos. Negação e defesa das religiões, entre outras expressões, de crença ou de negação desta, são extremamente valiosas se consideradas com respeito e como ponto de partida para a construção e socialização do conhecimento religioso adquirido e desenvolvido pela humanidade.

O educador Paulo Freire realizou importantes reflexões no que tange ao mundo relacional, apontando para a importância do diálogo e também dos relacionamentos. Conforme o autor[53], alunos e professores "são seres de relações e não de contatos, não apenas estão no mundo, mas com o mundo. Estar com o mundo resulta de sua abertura à realidade que o faz ser o ente de relações que é" (p. 47).

Para Freire[54], o ser humano é capaz de transcender. Isso significa que ele é um ser inacabado, finito e que busca plenitude em sua ligação com o Transcendente/Imanente. Uma ligação que se caracteriza não por aspectos de dominação ou de domesticação, mas uma relação caracterizada pela libertação.

Educar adolescentes e pré-adolescentes implica criar esse espaço saudável de libertação, que passa pelo respeito a sua expressão pessoal, a sua maneira de ver, ser e estar no mundo. Respeitado, o educando aprenderá a respeitar; livre, ele aprenderá a libertar.

Compreender que as pessoas podem radicalizar suas opções, buscando o enraizamento nestas, sem, com isso, negar o direito do outro a fazer o mesmo, é tarefa constante no trato com o fenômeno religioso.

Nessa faixa etária em que os alunos das séries finais do ensino fundamental e os do ensino médio estão inseridos, o exercício do diálogo é uma ferramenta indispensável para a construção de pontes e estabelecimento de relações entre as pessoas e entre estas e os conhecimentos. É sabido que, nesse período do desenvolvimento, o diálogo é uma poderosa ferramenta na minimização dos conflitos. No entanto, ele também é temido e, muitas vezes, os jovens se calam e se fecham para o mundo, que supõem não compreendê-los. Dialogar é fundamental, mas, para tanto, é preciso percorrer o caminho do falar e ouvir, caminho pelo qual trafegam tantas inseguranças, medos, revoltas etc.

Segundo os PCNER[50], é no diálogo que se estabelece a possibilidade da democratização da função social e cultural da escola, garantindo aos educandos a possibilidade de estabelecer esse diálogo. "E, como nenhuma teoria sozinha explica completamente o processo humano, é o diálogo entre elas que possibilita construir explicações e referenciais, que escapam do uso ideológico, doutrinal ou catequético" (p. 29).

Dialogar pressupõe que partes distintas entrem em relação, que se conheçam e estabeleçam vínculos de participação no mundo, sem, com isso, necessariamente ocorrer a perda da identidade inicial de qualquer uma das partes. No entanto, não estamos negando a possibilidade de transformação de ambas as partes em um processo da vontade pessoal e particular dos indivíduos de adotar outra posição no quadro das diferenças. O que não combina com o diálogo é a imposição da perspectiva de uma parte sobre a outra – dialogar com o diferente não é formar iguais, mas é, antes de tudo, um processo de conhecimento e de vinculação afetiva para o estabelecimento de parcerias, em que os diferentes se unem no estabelecimento de uma cultura de paz, por exemplo.

O ato de estudar é um processo contínuo tanto para o professor quanto para o aluno, é um processo que exige postura crítica e sistemática e, por isso, exige um espírito investigativo. Para que o estudo se desenvolva, é necessário o desenvolvimento de habilidades, como a concentração, a atitude científica que favorece a superação de preconceitos, o diálogo entre o conhecimento e o conhecedor, entre outras atitudes.

Estudar o fenômeno religioso expresso em códigos simbólicos tão diversos exige uma atitude positiva frente ao mundo religioso, de onde derivam ações culturais transformadoras e revolucionárias. O estudo nos coloca em uma posição que não nos permite aceitar culturas dominantes como portadoras da verdade e culturas subordinadas, ou de minorias, como errôneas. O olhar paciente e profundo sobre o assunto revela focos e perspectivas ímpares, dotadas de grande valor na formação das sociedades e na estruturação dos sujeitos.

O diálogo promove a aproximação e, portanto, inclui sentimentos, como o sentimento amoroso. O amor é também uma experiência estética, arrebatadora. Ama-se facilmente aquilo que comove, aquilo que atrai os sentidos e que encanta. O amor quase sempre é expresso em termos de beleza: alguém que ama sua terra natal a reconhece como bela; o próprio amor é tido como um "belo sentimento". Nas construções simbólicas, o belo está sempre presente, nas formas arquitetônicas que pronunciam significados do sagrado, nas danças sacras, nos sons entoados para invocação, nos objetos de culto, nas vestimentas sacerdotais, enfim, na gama infinita de possibilidades dos símbolos. Estudar as culturas e tradições é se deixar seduzir pela beleza de seus símbolos a fim de lhes conhecer os sentidos.

Adolescentes e pré-adolescentes se encontram sensivelmente atraídos pelos movimentos estéticos – sua dor é muitas vezes dramatizada, seus amores são eternos, suas tatuagens envolvem o corpo em volúpias de formas e sentidos, os muros são suas telas, suas palavras ecoam muito tempo depois de serem ditas. A estética e a adolescência estão de braços dados até que encouraçamentos psíquicos venham a embotar sua capacidade de perceber a beleza e de fazer o indivíduo se sentir imerso nela.

Para que os indivíduos se sintam sujeitos e não objetos no exercício de seu pensar, é preciso haver liberdade, é preciso que não haja medo de se expressar e de compreender por si só. A estética do Ensino Religioso prima não apenas pelo entendimento, pelo conhecimento das diferentes manifestações religiosas, mas também pelo seu direito de existir, de partilhar espaços, de crescer, de se manifestar. Enfim, aspira a uma educação para a valorização da beleza da diversidade. Pretende a conscientização que vai além de um simples desvelar de realidades, mas que, penetrando em sua essência, encanta-se por ela e, por isso, qualifica-a e garante que ela seja livre para ser aquilo que é.

As tradições religiosas guardam em si aspectos da experiência humana criadora, trazem a memória de um processo de construção de um conhecimento que se aplica ao campo do sensível, do misterioso e, por mais que se inventem símbolos e códigos para sua expressão, permanece indecifrável. Está mais para o campo da poesia, porém se diferencia desta, pois atinge concretude e transformação ao se manifestar por meio de dogmas, preceitos, mandamentos, regras de comportamento e outros aspectos mais impositivos.

Parece que dois destinos sempre rondam o mesmo sujeito, nesse caso, a religião: o de ser livre interpretação, gozo estético e o de ser norma rígida de conduta e controladora social.

Para os jovens, essa realidade dual é muitas vezes reflexo de suas próprias angústias psíquicas, a de serem crianças em um mundo de prazeres, no qual o controle social se estabelece de fora para dentro, e de serem adultos em um mundo cujo gozo é normatizado pela própria responsabilidade e escolha, pois ele é o autor de suas ações e, consequentemente, colhe os frutos destas.

O adolescente está entre a criança e o adulto e isso é demonstrado pelo seu corpo de maneira aterrorizante para ele. Comportando-se por vezes como um adulto, por vezes como uma criança, o jovem sente as angústias de não se saber definido e de ser tratado pelos adultos com a mesma indefinição, sendo considerado ora como uma criança ora como adulto.

Cabe ao professor compreender essa dinâmica, a fim de saber lidar com a instabilidade de humor e com as posturas divergentes que os jovens assumem e com o desejo que estes demonstram de se inserirem em grupos, sejam eles de que tamanho for, tendo em mente que, nesse momento de busca de identidade, o pré-adolescente e o adolescente tendem a se moldar de acordo com os desejos e pensamentos do grupos aos quais pertencem.

Síntese

O UNIVERSO PRÉ-ADOLESCENTE E ADOLESCENTE fervilha de emoções, de conceitos novos, de desejos, e também pauta-se no fato de existir enfaticamente no tempo presente. Raramente encontraremos adolescentes pensando no futuro, ato que se torna corriqueiro na maturidade. A inteireza no presente é uma condição e uma necessidade para a estruturação psíquica do adolescente, mas também um risco a sua integridade. Pela sua ousadia e coragem, unidas a uma vontade férrea de viver no "aqui e agora" destituído de vínculos com o futuro, o adolescente pode se fazer vítima de si mesmo, ou seja, conduzir-se ao uso de substâncias psicoativas e viciantes, bem como manter incompleta a sua maturação, permanecendo entre dois mundos ao mesmo tempo: o mundo infantil das ilusões e o mundo adulto das responsabilidades. O adolescente se encontra na medida da existência de seu corpo fazendo-se adulto e, muitas vezes, de sua mente lutando para se manter segura na "terra do nunca", nos voos da alma, sem ter que retornar para a limpeza do quarto.

Com esses abismos e asas nos pés, os adolescentes vão se constituindo em adultos; alguns alcançam a maturidade, outros ficam paralisados no meio do caminho. Compreender essa condição favorece ao professor de Ensino Religioso a organização da forma de apresentação dos diversos conteúdos dessa disciplina. Temáticas como a morte, os rituais de passagem, os símbolos como formas de reconhecimento entre iguais, a palavra poética dos mitos, as sagas heroicas dos grandes personagens religiosos, a posição da mulher como individualidade inserida ou afastada do contexto sagrado ecoam fortemente na experiência de vida dos adolescentes. Dessa forma, os jovens responderão a essas temáticas com suas próprias experiências interiores e poderão sentir, por meio do espaço reflexivo dado pela disciplina de Ensino Religioso, que compreendem a existência do diverso e das verdades múltiplas, um lugar que possibilita a reinvenção dos indivíduos como sujeitos atuantes, capazes de verem a si próprios e de solucionarem suas dúvidas, tão importantes e, muitas vezes, tão caladas.

INDICAÇÃO CULTURAL

O SENHOR das Moscas. Direção: Harry Hook. Produção: Lewis M. Allen e Ross Milloy. EUA: Fox Filmes, 1990. 87 min.

Esse filme é interessante no sentido de evidenciar os aspectos sombrios da personalidade humana, incluindo aqui a abordagem da adolescência. Desse modo, a romantização da infância e da adolescência cede lugar a uma análise mais apurada dos impulsos humanos, os quais se originam no interior da psique individual e encontram eco e força no grupo em que se convive. O filme elucida como os impulsos sombrios pessoais ganham força ao encontrarem motivadores sociais e a aprovação de outros. Esse filme complementa a análise que realizamos neste capítulo sobre as características psicológicas de pré-adolescentes e adolescentes.

ATIVIDADES DE AUTOAVALIAÇÃO

Leia o texto a seguir, extraído dos *Parâmetros Curriculares Nacionais para o Ensino Médio* e, então, responda às questões 1, 2 e 3.

A REFORMA CURRICULAR E A ORGANIZAÇÃO DO ENSINO MÉDIO

*O currículo, enquanto instrumentação da cidadania democrática, deve contemplar conteúdos e estratégias de aprendizagem que capacitem o ser humano para a realização de atividades nos três domínios da ação humana: **a vida em sociedade, a atividade produtiva e a experiência subjetiva**, visando à integração de homens e mulheres no tríplice universo das relações políticas, do trabalho e da simbolização subjetiva.*

Nessa perspectiva, incorporam-se como diretrizes gerais e orientadoras da proposta curricular as quatro premissas apontadas pela UNESCO como eixos estruturais da educação na sociedade contemporânea:

- *Aprender a conhecer*

Considera-se a importância de uma educação geral, suficientemente ampla, com possibilidade de aprofundamento em determinada área de conhecimento. Prioriza-se o domínio dos próprios instrumentos do conhecimento, considerado como meio e como fim. Meio, enquanto forma de compreender a complexidade do mundo, condição necessária para viver dignamente, para desenvolver possibilidades pessoais e profissionais, para se comunicar. Fim, porque seu fundamento é o prazer de compreender, de conhecer, de descobrir.

O aumento dos saberes que permitem compreender o mundo favorece o desenvolvimento da curiosidade intelectual, estimula o senso crítico e permite compreender o real, mediante a aquisição da autonomia na capacidade de discernir. Aprender a conhecer garante o aprender a aprender e constitui o passaporte para a educação permanente, na medida em que fornece as bases para continuar aprendendo ao longo da vida.

(continua)

(conclusão)

- Aprender a fazer

O desenvolvimento de habilidades e o estímulo ao surgimento de novas aptidões tornam-se processos essenciais, na medida em que criam as condições necessárias para o enfrentamento das novas situações que se colocam. Privilegiar a aplicação da teoria na prática e enriquecer a vivência da ciência na tecnologia e destas no social passa a ter uma significação especial no desenvolvimento da sociedade contemporânea.

- Aprender a viver

Trata-se de aprender a viver juntos, desenvolvendo o conhecimento do outro e a percepção das interdependências, de modo a permitir a realização de projetos comuns ou a gestão inteligente dos conflitos inevitáveis.

- Aprender a ser

A educação deve estar comprometida com o desenvolvimento total da pessoa. Aprender a ser supõe a preparação do indivíduo para elaborar pensamentos autônomos e críticos e para formular os seus próprios juízos de valor, de modo a poder decidir por si mesmo, frente às diferentes circunstâncias da vida. Supõe ainda exercitar a liberdade de pensamento, discernimento, sentimento e imaginação, para desenvolver os seus talentos e permanecer, tanto quanto possível, dono do seu próprio destino.

Aprender a viver e aprender a ser decorrem, assim, das duas aprendizagens anteriores – aprender a conhecer e aprender a fazer – e devem constituir ações permanentes que visem à formação do educando como pessoa e como cidadão.

Fonte: BRASIL, 2000.

1 Assinale a alternativa correta:
   A) A dinâmica da existência se constitui no fato de que todos devem pertencer a um grupo religioso.
   B) Enquanto o educando assume identidade, vai partilhando espaços comuns e aprendendo a ser e a conviver.
   C) Assumir a identidade significa um afastamento de tudo aquilo que influenciou o indivíduo em seu desenvolvimento a fim de encontrar a originalidade perdida.
   D) A ética da diferença não significa nada para o trabalho do Ensino Religioso escolar.

2 No que se refere ao currículo, marque com (V) para verdadeiro e (F) para falso as seguintes alternativas:
   ( ) Como instrumentação da cidadania democrática, deve contemplar conteúdos e estratégias de aprendizagem que capacitem o ser humano para a realização de atividades nos dois domínios da ação humana: a vida em sociedade e a atividade produtiva, negando sempre a experiência subjetiva.
   ( ) Incorporam-se como diretrizes gerais e orientadoras da proposta curricular as quatro premissas apontadas pelo Conselho Nacional de Educação como eixos estruturais da educação na sociedade contemporânea.
   ( ) O desenvolvimento de habilidades e o estímulo ao surgimento de novas aptidões tornam-se processos essenciais na medida em que criam as condições necessárias para o enfrentamento das novas situações que se colocam.
   ( ) A educação deve estar comprometida com o desenvolvimento total da pessoa.

Agora, assinale a alternativa que apresenta a sequência correta:
A) F, V, V, F
B) F, V, V, V
C) V, V, V, V
D) F, F, V, V
E) F, V, F, V

3. Assinale as duas proposições verdadeiras e, depois, escolha o item correspondente.

Quanto às quatro premissas apontadas pela Unesco, podemos afirmar que:

I. aprender a conhecer implica levar em consideração a complexidade do mundo, a fim de construir possibilidades de vida digna. O aumento dos saberes que permitem compreender o mundo favorece o desenvolvimento da curiosidade intelectual, estimula o senso crítico e permite compreender o real, mediante a aquisição da autonomia na capacidade de discernir.

II. aprender a fazer pressupõe que o desenvolvimento de habilidades e o estímulo ao surgimento de novas aptidões tornam-se processos essenciais na medida em que criam as condições necessárias para o enfrentamento das novas situações que se apresentam. Privilegiar a aplicação da teoria na prática e enriquecer a vivência da ciência na tecnologia e destas no social passa a ter uma significação especial no desenvolvimento da sociedade contemporânea.

III. aprender a viver trata apenas de aprender a viver sabendo de si, a fim de concretizar seus próprios projetos de vida de maneira inteligente, minimizando conflitos.

IV. aprender a ser pressupõe a preparação do indivíduo para elaborar pensamentos autônomos e críticos e para formular os seus próprios juízos de valor, de modo a poder decidir por si mesmo, frente às diferentes circunstâncias da vida. Supõe ainda exercitar a liberdade de pensamento, discernimento, sem necessariamente incluir o sentimento e a imaginação para desenvolver os seus talentos e permanecer, tanto quanto possível, dono de seu próprio destino.

A) As afirmativas I e IV são verdadeiras.
B) As afirmativas I e II são verdadeiras.
C) As afirmativas II e IV são verdadeiras.
D) As afirmativas II e III são verdadeiras.
E) As afirmativas III e IV são verdadeiras.

4 Marque a alternativa correta.

A pré-adolescência e a adolescência:

A) são fases tranquilas do desenvolvimento humano.
B) representam períodos de grande estabilidade emocional.
C) apresentam aos pais e professores um problema a mais.
D) acentuam para muitos jovens a experiência perturbadora da angústia. Nesse período, ocorrem muitas mudanças físicas e psíquicas.

5 Marque a alternativa correta.

Cabe ao professor:

A) considerar superficialmente as características da pré-adolescência e da adolescência, pois ele é professor e não psicólogo.
B) planejar suas aulas de Ensino Religioso levando em consideração os conteúdos e as características dos seus alunos.

c) controlar os jovens e não permitir que os conflitos apareçam e atrapalhem o desenvolvimento de suas aulas.

d) compreender que o adolescente está mais para a criança do que para o adulto e tratá-lo, então, como trataria a uma criança.

ATIVIDADES DE APRENDIZAGEM

QUESTÕES PARA REFLEXÃO

1. A partir das frases selecionadas no quadro a seguir, descreva uma experiência pessoal sua que tenha ressonância com os pensamentos elencados a seguir.

PENSAMENTOS	EXPERIÊNCIA
a. Por meio da linguagem poética dos rituais, o ser humano se aproxima da graça divina e mobiliza, em seu interior, forças que o auxiliarão a viver. Igualmente ele fará sua arte, muitas vezes tida como uma inspiração divina ou um presente dos deuses.	
b. Sem dúvida alguma, o que está por trás de toda a intolerância cultural é o ato de desconhecer, ignorar a complexidade antropológica que alicerça o desenvolvimento de cada etnia.	
c. Cabe lembrar a provisoriedade do saber e as limitações do conhecer humano, que colocam todo o conhecimento como uma tentativa de aproximação do real, sem, porém, possuir a certeza da apreensão do todo, que sempre escapa em sentidos que mudam conforme a época e as novas percepções.	

Pensamentos	Experiência
d. A religião paradoxalmente repele aquilo que busca e afasta o que procura na medida em que se concretiza em dogmas e preceitos excludentes criados pelo desejo de poder e hegemonia, características demasiadamente humanas.	
e. Pré-adolescentes e adolescentes, além da vivência pessoal e comunitária de sua própria fé religiosa, tendem a exercitar sua capacidade de serem singulares por meio da reflexão crítica e, muitas vezes, do desejo tenaz de se tornarem diferentes de seus pais, a fim de assegurarem a si próprios a sua singularidade, não mais imersos no mundo emaranhado do "eu" e do "tu" como uma única coisa. A criança pequena, ainda imersa nesse largo materno e também paterno, tende, à medida que cresce, a se afastar dele e, muitas vezes, a negá-lo, a fim de se desvencilhar das teias da indissociação familiar, que, em sua experiência original, significavam a indiferenciação entre a criança e a mãe, ainda sentida no útero materno.	

2. Construa um texto final no qual você relacione suas experiências de vida com as suas atitudes profissionais. Depois, partilhe o resultado com sua equipe de estudo.

ATIVIDADES APLICADAS: PRÁTICA

Apresente aos seus alunos o seguinte texto poético:

> Tem dias em que eu gosto de sol
>
> Mas já outros em que eu prefiro a chuva
>
> Hoje estou tão feliz
>
> E daqui a pouco choro
>
> Minha nossa! o que é isto?
>
> No espelho hoje me vi tão lindo
>
> E ontem nem podia ver a minha imagem, ela me assustava
>
> Quem sou eu?
>
> O azul sempre me cai bem
>
> Mas de repente o vermelho me deu vida
>
> Se tudo muda, o tempo todo
>
> Como saber de mim?
>
> Não fico atordoado, não!
>
> Em mim a mudança é natural
>
> Não só no meu corpo há a transformação
>
> Também nas minhas ideias e emoções
>
> Acho que agora sei um pouquinho mais sobre mim
>
> E posso gostar de ser assim:
>
> Ora alegre... ora triste...
>
> Ora azul.... ora vermelho....
>
> Ora... Ora bolas!!!

Fonte: SCHÖGL, 2000, p. 58.

1 Peça aos seus alunos que redijam poemas que explicitem os sentimentos deles sobre a experiência de ser um adolescente ou um pré-adolescente.

2 Recolha os textos e construa com a turma um livro de poemas da classe com essa temática.

TRÊS

Prática Pedagógica Derivada do Estudo das Culturas

NESTE CAPÍTULO SÃO APRESENTADAS ALGUMAS informações básicas sobre diferentes tradições religiosas, objetivando auxiliar o professor a organizar um esquema mental no qual localizá-las mais facilmente, tendo por base a origem histórica destas e algumas características de suas estruturas de crenças. Como o Ensino Religioso é de fato uma nova disciplina do contexto escolar e levando em consideração que essa é a primeira vez que se aborda a temática complexa e instigante das diferentes manifestações do sagrado, orientada na perspectiva do respeito à toda a diversidade que compõe o cenário do fenômeno religioso, é fundamental que o professor construa o conhecimento acerca do objeto de estudo dessa área do conhecimento. Essa construção deve ser tarefa constante.

Este capítulo tem o intuito de auxiliar o professor no aprofundamento e no estudo das diferentes culturas religiosas, conhecimento este que, se faltante, torna inviável o trabalho do professor, uma vez que todos os conteúdos a serem trabalhados no Ensino Religioso se originam nas diferentes culturas religiosas e/ou místico-filosóficas do mundo. Adiante, apresentar-se-ão alguns conhecimentos básicos sobre as tradições indígena, africana, budista, cristã, fé bahá'í, hinduísmo, islamismo, jainismo, judaísmo, taoismo, xintoísmo, zoroastrismo, bem como reflexões sobre o sagrado feminino nas tradições religiosas.

3.1
Tradição religiosa indígena

O Brasil foi "invadido" no ano de 1500. Sem convite, cartão de apresentação ou coisa que o valha, os navios portugueses atracaram nessas praias e se "lambuzaram", movidos por sua própria ganância e vontade de poder. Esse desejo de poder que leva o indivíduo a arrebatar o que é do outro para si é característica que marca a humanidade e fomenta sua história.

Por conta da história do Brasil, sugere-se que o professor de Ensino Religioso inicie o estudo das religiões pela tradição indígena. Pois, a bem da verdade, eles são os primeiros moradores e guardiões desta terra. É preciso reconhecer que, como habitantes do Brasil, eles cuidaram deste território e o valorizaram muito melhor do que seus invasores. Mas o que está feito, está feito. Pedagogicamente, como forma de respeito às tradições indígenas, iniciamos nosso texto pela reflexão da cultura religiosa indígena. Reconhecemos que os índios coloriram nossa paisagem religiosa com uma riquíssima variedade de mitos, símbolos, ritos e com uma sacralidade que se estende e abarca todas as formas de vida, seja ela humana, vegetal, animal ou mineral.

Conforme dados da Assintec (COSTA, GUILOUSKI, SCHLÖGL[33]), a estrutura fenomenológica desses povos apresenta as seguintes características:

- sistema mitológico complexo;
- busca de explicações especiais para os fenômenos;
- uso de mecanismos mágicos para interceder;
- ritualística característica de defumação, incorporação, transe e uso de remédios retirados de plantas e ervas;

- cada nação indígena possui características culturais e religiosas que se diferenciam marcadamente umas das outras (o professor deve evitar generalizações);
- respeito e sacralização de todas as criaturas vivas;
- integração da vida humana com a natureza.

A estrutura da religião indígena é sólida e muito bem elaborada, permitindo o equilíbrio do homem com o meio intra e extrapsíquico. A harmonia dos homens com a Mãe Terra é condição básica para sua sobrevivência e, portanto, elemento inseparável de seus ritos e de suas experiências com a Imanência/Transcendência.

O catolicismo quinhentista encontrou dificuldades em converter os índios que, segundo o pensamento vigente, não tinham deuses, nem hierarquia, nem disciplinamento litúrgico. Essa falsa ideia de que os índios não possuíam "lei, fé ou rei" marcou o preconceito vigente na época. Certamente, os indígenas possuíam suas crenças religiosas, bem como uma estruturação social e disciplina, mas como estas eram peculiares a essas nações e não seguiam o modelo europeu, foram totalmente desconsideradas.

A opressão encontrou seus caminhos e a dominação do povo indígena se deu por meio da introdução da cachaça, cujo entorpecimento e dependência favoreciam a conquista de seus corpos e almas. Por meio de doenças, contaminando previamente roupas e cobertores que seriam presenteados aos índios, esses "selvagens teimosos" eram, então, dizimados. Isso era feito também por meio de castigos, surras, acorrentamento e palmatória, juntamente com a exploração da mão-de-obra e, é claro, por meio da evangelização: toda a cultura religiosa nativa era desvalorizada e substituída pelo catolicismo.

De acordo com Cintra[28], a *Bula Romanus Pontífex*, de Nicolau V, assinada em 8 de janeiro de 1455, dava poderes aos navegantes portugueses para condenar à perpétua escravidão os infiéis dos países por eles conquistados. O motivo alegado era a conversão ao catolicismo e a salvação das almas desses pagãos, contribuindo para a propagação da fé do império. Porém, o Papa Paulo III, na *Bula Sublimes Deus*, de 1573, determinou que os índios e outros povos, mesmo que não tivessem a fé em Cristo, seriam dotados de liberdade e não poderiam perder suas terras, objetos ou ainda serem feitos escravos. Em 1757, uma lei de Sebastião José de Carvalho, o Marquês de Pombal, restringiu a escravidão indígena.

Influenciado pelas ideias iluministas, o Marquês de Pombal promoveu algumas mudanças políticas que beneficiaram os índios, visando facilitar a inserção dos povos indígenas na ocupação de territórios e também a utilização de seus trabalhos.

Porém, em 1808, Dom João VI promulga a escravidão indígena por 10 a 20 anos, variando de acordo com o sexo e a idade. Leis iam e vinham, mas o que predominou foi sempre o abuso de alguns sobre outros e, em se tratando de questões religiosas, os índios foram rudemente tidos por pagãos. Verificamos, assim, como uma cultura se apodera de outra e, utilizando-se de valores morais próprios, concede a si mesma o direito de promulgar sua fé como única e verdadeira, justificando, assim, o abuso e a destruição de outra cultura.

Vejamos agora a a controversa questão que envolve o termo *Tupã*. A história nos conta que essa palavra, usada para designar o Deus cristão, foi escolhida por jesuítas e capuchinhos franceses, que estavam arriscando apenas uma conceituação aproximada. *Tupã* era uma palavra utilizada para designar um personagem que habitava as nuvens e que, ao caminhar pelo espaço celeste, fazia um grande barulho, o barulho do trovão, prenunciando as chuvas.

A crença em um Deus Todo-Poderoso penetrou no âmago dessas culturas, que se tornaram sincréticas à força. A ideia de Tupã como Deus passou a fazer parte de muitas culturas indígenas. A inserção da palavra *Deus* foi um símbolo de sua subordinação a um sistema de poder centralizador, mas também serviu como fator novo de ajuda e socorro nas necessidades sociais e existenciais por que passavam esses povos.

Na tradição indígena, o líder religioso é o pajé ou o xamã, que é o indivíduo que passa por uma experiência psicológica transformadora, levando-o a se voltar inteiramente para dentro de si mesmo. O pajé realiza um mergulho em seu próprio inconsciente. Certas vezes, esse homem – ou mulher – dotado de poder religioso ingere substâncias alucinógenas, com o intuito de atingir, em rituais, estados alterados de consciência, entrando em contato com entidades do mundo espiritual. Nesse caso, o pajé entrará em contato com os espíritos e tentará controlar e combater os maus espíritos e convencer os bons espíritos a prestar ajuda.

Nos antigos livros escolares, encontrávamos frequentemente a ideia de que o índio era preguiçoso e que não gostava de trabalhar, ao contrário dos negros, que trabalhavam para seus senhores. Nessa afirmativa está embutido o preconceito que gerou e gera, ainda hoje, um tipo de visão distorcida da história e do comportamento do povo indígena.

Os índios habitavam o Brasil e a invasão europeia se deu nas terras destes, cercadas pela população de suas aldeias. Eles tinham suas raízes e estavam em contato com elas, ao passo que os negros foram privados de suas origens e misturados entre grupos de diferentes nações. Certamente, os índios possuíam mais condições para rechaçar a escravidão, não se submetendo da mesma maneira que fizeram os negros. A esse comportamento resistente foi dado o adjetivo pejorativo *preguiça*, palavra esta que perdurou em livros escolares até pouco tempo atrás.

Atualmente, as nações indígenas reconhecem seu lugar e lutam por seus direitos, tentando preservar sua manifestação cultural e religiosa, bem como o fortalecimento de seu povo. Ao tratar do fenômeno religioso sob o prisma do sagrado indígena, estar-se-á colaborando, ainda que em pequenas doses, para o fortalecimento da identidade indígena, por meio do conhecimento e valorização da riqueza espiritual desses povos.

3.2
TRADIÇÃO RELIGIOSA AFRICANA

O BRASIL, APÓS TER SIDO invadido pelos portugueses, tornou-se um país que recebeu inúmeras influências culturais e religiosas, entre elas o candomblé e a umbanda, duas tradições religiosas que tiveram origem nos cultos africanos.[107]

Os negros foram trazidos para cá nos navios tumbeiros e algumas dessas embarcações levavam 60 dias na travessia do mar até atingir o litoral brasileiro. As condições de higiene e de sobrevivência as quais eles eram submetidos eram definitivamente absurdas.

A escravidão subjugou e igualou todos os negros da mesma maneira, mas os africanos que vieram para cá eram muito diferentes uns dos outros no que se refere a aspectos culturais e religiosos. Eram pessoas que não podiam se comunicar, pois falavam línguas distintas, possuíam crenças religiosas diferentes etc. Certamente, era muito difícil fazer parte de uma comunidade de pessoas que estavam unidas geograficamente por imposição e que eram tão diferentes entre si, no que diz respeito as suas linguagens, religiões e costumes.

Como visto anteriormente, os indígenas se encontravam em posição bastante diferente da posição dos negros, por estarem em suas próprias terras e entre os seus pares. Isso lhes conferia uma força de resistência diferenciada da forma que os negros puderam dispor. Os negros, por sua vez, valeram-se do sentimento religioso para manter a coesão entre si e para resistir aos abusos ideológicos frequentemente experimentados por eles.

Eles se organizaram, no Brasil, numa religião que unia todos os povos negros – o candomblé, símbolo de sua resistência. O candomblé foi uma saída inteligente e carregada da coragem desses homens e mulheres para se unirem a fim de lutar contra a opressão a que estavam submetidos.

A palavra *candomblé* significa "cantar e dançar em louvor" e tem origem no banto; já a palavra *macumba*, de origem angolana, está ligada a um instrumento musical ou a uma dança (jongo, caxambú) e, no Brasil, designa um culto, entre outras definições.

Ao se referir ao culto aos orixás, certamente nos deparamos com o monoteísmo, uma vez que a religião nagô admite a existência de um Deus supremo. Esse ser é chamado *Olorum* (*olo* = sagrado e *orum* = céu). Essa divindade não é admoestada pelas pessoas e nem é invocada; ela "mora" no céu e não se relaciona diretamente com os seres humanos. A relação, o contato do divino com o humano se faz por intermédio dos orixás. Os orixás têm origem nos ancestrais dos clãs africanos divinizados há mais de 5000 anos. Na África ocidental, existem mais de duzentas divindades, que são entidades encantadas que personificam características humanas, sendo que seus filhos são os herdeiros desses atributos.

O pecado não faz parte desse mundo religioso. Porém, por influência do catolicismo, o pecado adquiriu espaço no contexto das religiões de influência africana que vigoram no Brasil. O diabo também é personagem inexistente no culto africano, portanto, afirmar que as religiões africanas são religiões "do diabo" é um equívoco completo.

Muitos equívocos são cometidos ao se relacionar o candomblé e a umbanda. O candomblé surge da unificação de conceitos e crenças africanas, ao passo que a umbanda surge bem mais tarde, constituindo-se em uma base sincrética que reorganiza elementos africanos, católicos, espíritas, orientais, entre outros.

A umbanda é uma tradição que coordena a comunicação entre os espíritos que habitam o astral superior e o campo material onde vive o homem. O médium é o mediador nas comunicações entre os vivos e as entidades, recebendo suas vibrações extraterrenas provenientes do campo espiritual. O exercício da mediunidade exige muito sacrifício pessoal e a observação de normas corretas, de modo a permitir uma boa vibração, afinada com o espírito-guia.

Na umbanda, são consagradas sete linhas que englobam todas as forças cósmicas por meio da lei das afinidades. São elas: Ogum, Xangô, Oxóssi, Yemanjá, Yori, Yorimá e Oxalá. Cada linha se subdivide em legiões, que, por sua vez, agrupam falanges de forças, em cujas vibrações se manifestam as entidades. Nessa cultura religiosa, encontramos a ligação entre os orixás e os santos católicos – Ogum pode ser considerado São Sebastião ou, ainda, São Jorge; Yemanjá pode ser a representação da Virgem Maria etc.

No candomblé, no entanto, não há essa ligação entre os orixás e os santos católicos. Segue a descrição de alguns orixás:

- **Ogum:** dono do ferro e do fogo, defende e protege os mais fracos. Os filhos de Ogum são bravos. A palavra-chave para defini-lo é *poder*.
- **Oxóssi:** vive nas matas para cuidar dos animais. É ele que torna a caça abundante e que garante a alimentação do povo. Oxóssi é o constante movimento da natureza. Seus filhos prezam muito a autonomia.
- **Yemanjá:** senhora do mar, é a própria divinização desse elemento da natureza. Representa a beleza, a família e a maternidade. É a mãe dos peixes.
- **Yansã:** senhora dos ventos e das tempestades. Altiva, guerreira e poderosa, sua força aplaca raios e trovões. É independente e nunca se deixa dominar pelos orixás masculinos, apenas obedecendo a si própria.

Existem muitos outros Orixás e a bibliografia relacionada ao assunto é encontrada em abundância.

É preciso considerar que a diversidade das religiões de origem africana no Brasil é muito grande, pois cada terreiro, local onde ocorrem os rituais religiosos, organiza-se de forma peculiar. Da mesma maneira que evitamos generalizações ao tratar da questão indígena, também devemos evitá-las ao nos referirmos ao complexo mundo das tradições de matriz africana existentes no Brasil.

As culturas religiosas de origem africana merecem respeito e estudo, uma vez que analisá-las não é uma tarefa simples, pois, como vimos, existem termos que possuem várias traduções, assim como a organização de cada terreiro é específica, fazendo com que as pesquisas muitas vezes tragam perspectivas diversas sobre o mesmo assunto. Mas isso não é exclusividade desse aspecto do fenômeno religioso, o mesmo ocorre com as outras instâncias culturais religiosas.

Sugerimos para o trabalho com os alunos, primeiramente, a sensibilização destes para as questões que envolvem preconceitos étnicos – englobando aqui os preconceitos religiosos. As poesias e histórias de vida são muito inspiradoras como ponto de partida para o desenvolvimento de temáticas como essa. Por exemplo: o poeta brasileiro Castro Alves, também conhecido como *o mestiço*, compôs o célebre poema intitulado *O navio negreiro*[1], que corporifica o sofrimento dos negros trazidos da África, expostos às mais deploráveis condições em suas viagens nos navios negreiros:

'*Stamos em pleno mar...*

[...]

Era um sonho dantesco... o tombadilho,

Que das luzernas avermelha o brilho.

Em sangue a se banhar.

Tinir de ferros... estalar do açoite...

Legiões de homens negros como a noite,

Horrendos a dançar...

Negras mulheres, suspendendo às tetas

Magras crianças, cujas bocas pretas

Rega o sangue das mães:
Outras moças, mas nuas e espantadas,
No turbilhão de espectros arrastadas,
Em ânsia e mágoa vãs!

E ri-se a orquestra irônica, estridente...
E da ronda fantástica a serpente
Faz doudas espirais...
Se o velho arqueja, se no chão resvala,
Ouvem-se os gritos... o chicote estala.
E voam mais e mais...

Presa nos elos de uma só cadeia.
A multidão faminta cambaleia
E chora e dança ali!
[...]

Senhor Deus dos desgraçados!
Dizei-me vós, Senhor Deus!
Se é loucura... se é verdade
Tanto horror perante os céus?!
Ó mar, por que não apagas
Co'a esponja de tuas vagas
De teu manto este borrão? ...
Astros! noites! tempestades!
Rolai das imensidades!
Varrei os mares, tufão!
[...]

Convém salientar que o poeta Castro Alves, conhecido como *o poeta dos escravos*, utilizou a força da poesia como forma de protestar contra as atrocidades que eram cometidas aos negros no Brasil. Enquanto a escravidão era tida como algo "natural" no país, ele utilizava seus versos para fazer ver a grande monstruosidade que se praticava contra as pessoas negras escravizadas.

Também as religiões dos povos escravizados foram intensamente desqualificadas e rotuladas de *diabólicas*. Essa crueldade para com os povos negros se faz sentir até os dias atuais, em comentários que expressam aversão e negatividade em relação às religiões de matriz afrodescendente. Cabe ao professor de Ensino Religioso aprofundar as reflexões sobre o fenômeno religioso de origem africana, a fim de resgatar o sentido de suas crenças e eliminar qualquer tipo de preconceito.

3.3

BUDISMO

A ORIGEM HISTÓRICA DO BUDISMO situa-se ao norte da Índia, entre os séculos VI e V a.C. Conta a história que um príncipe chamado Sidarta Gautama foi criado em uma casa real, protegido do sofrimento do mundo, sem conhecer a doença, a morte e a miséria. Porém, Sidarta foge do palácio por três vezes e se choca tremendamente com tudo aquilo que presencia, pois vê um homem doente, um velho e um cadáver. Perturbado com a dor face à velhice, à doença e à morte, ele não consegue mais ter paz de espírito. Em outro de seus passeios, o príncipe encontra um magro asceta religioso, que muito o impressionou. Com todas essas imagens na cabeça, ele não consegue mais levar a vida "alegre" de antes. Então, devido à extrema angústia que lhe acompanhava, abandona a esposa e o filho e deixa o palácio, tornando-se um asceta e procurando, por meio da disciplina espiritual, ajuda para o seu sofrimento.[17]

Uma das grandes lições que Sidarta aprendeu foi ouvida às margens de um rio. Mestre e discípulo conversavam, enquanto realizavam a travessia do rio, por sobre uma balsa. O discípulo tinha em suas mãos um instrumento musical cujas cordas tentava afinar. O mestre disse: "Cuidado, se você esticar demais, a corda arrebenta e se você deixá-la muito frouxa, ela não toca".[33]

Nesse momento, Sidarta compreende a essência do caminho do meio, o caminho que conduz à experiência da iluminação. Conta o mito que Sidarta, meditando profundamente sob a sombra de uma figueira, atinge a iluminação, alcançando o estado búdico. Nesse momento, Sidarta se tornou um Buda.

Iluminado, Buda compreende a essência do que é o sofrimento, a velhice, a doença e a morte.

Buda compreende as quatro verdades, que, conforme Simões Jr.[110], assim se definem:

1 Toda a existência é cheia de sofrimento. A dor tem caráter universal.
2 O desejo leva a querer encontrar algo de permanente no mundo que é essencialmente transitório.
3 O Nirvana é onde todos os desejos cessam, é um pleno estado de paz e ausência de conflito. Libertar-se da dor significa suprimir os desejos e as paixões.
4 Tudo pode ser alcançado por um determinado caminho. Esse caminho se ramifica em oito direções: fé justa, conduta justa, justa aspiração, justa conversação, justo modo de vida, justo esforço, justa recordação e justa meditação.

Buda não é um deus, nem pretendeu sê-lo. Buda é antes uma possibilidade, um estado que qualquer ser humano pode atingir pelas práticas corretas.

Na fase primitiva da arte budista, Buda não foi retratado. Ele dissuadiu seus seguidores de especular sobre sua existência após a morte. Por isso, talvez, a relutância em representá-lo. Os primeiros retratos figurativos datam do século II d.C., na Índia setentrional, embora rapidamente tenham se espalhado por toda a Ásia budista.

Inicialmente, o budismo não concebia deuses ou divindades. O que um budista almejava era, sem dúvida, alcançar o estado búdico, no qual os desejos cessam por completo. Porém, a cultura budista subdividiu-se e adquiriu características bem diferenciadas em seus diferentes ramos. A vertente do budismo que carrega a influência do hinduísmo, por exemplo, incorpora alguns dos deuses deste. Diferentemente do zen-budismo, que sofreu outras influências e se desenvolveu em outras culturas, como Japão e China.

O budismo com maior influência hinduísta partilha a mesma concepção geral do cosmo das outras religiões indianas. O cosmo não é permanente ou criado. No ápice, encontram-se os quatro reinos do renascimento puramente mental, sem forma. Abaixo, os domínios da pura forma, onde residem os deuses. Deuses são proeminentes na vida atual dos budistas, mas não são permanentes, muito menos eternos. Também estão sujeitos ao renascimento e precisam buscar a iluminação. No nível mais baixo, encontra-se o reino do desejo. O cosmo consiste ainda nos céus, onde moram os trinta e três deuses védicos do hinduísmo. Também são incluídos os níveis em que vivem animais humanos e *asuras* (deuses ciumentos). Abaixo destes, situam-se os domínios dos espíritos famintos e os infernos. O principal livro sagrado budista é o *Tripitaka*. A palavra *tripitaka* significa "três cestos", que se referem às três partes que compõem o livro. A primeira parte trata das regras de conduta, a segunda dos discursos de Buda e a terceira das reflexões filosóficas. No dia oito de abril, acontece a Festa das Flores, quando se comemora o nascimento de Buda e, em julho, é celebrada a morte de Buda, no ritual em que se fazem boiar pequenas lâmpadas sobre os rios.

O zen-budismo trabalha com os chamados *koans*, que são frases que expressam enigmas espirituais, passados pelos mestres para seus discípulos, levando-os ao silenciamento do pensar e a experiência da iluminação. O *koan* pretende revelar a mente una, sem dualidade, comum a toda a existência. Aparentemente, um *koan* é sem sentido, incompreensível e, portanto, um instrumento para a superação da mente. Exemplo de *koan*: "Qual é o som de uma das mãos ao bater palmas?".

Os budistas se ocupam em perceber o mundo e a si mesmos além das aparências, além do mundo de ilusões, o mundo de Maya. Uma das orações budistas que exprime essa tarefa é *Nam myoho rengué kyo*, que significa *Desperto para a vida*.

O budismo, como religião, sofreu muitas divisões. Existem um grande número de grupos budistas, cada um com seus líderes, suas doutrinas e seus destaques. De maneira geral, simplificando, o budismo pode ser dividido entre aqueles grupos que priorizaram o esforço mental, a meditação, a elevação espiritual e, por outro lado, aqueles que priorizaram a prática do amor e da compaixão.

De um lado, está a Escola Hinayana (Pequeno Veículo) e, do outro lado, encontra-se a Escola Mahayana (Grande Veículo). Ambas as escolas se fundamentam nos ensinamentos de Buda.

O **Pequeno Veículo** é a escola mais antiga. Nela, a meditação e o esforço mental, na figura do monge, são dominantes. Esse tipo de budismo se espalhou por diversos países, como o Camboja, a Tailândia e o Sri Lanka.

O **Grande Veículo** surge de uma releitura dos ensinamentos de Buda. Segundo essa escola, os ensinamentos de Buda, nos últimos oito anos de sua vida, que estão contidos no *Sutra do Lotus**, são superiores aos ensinamentos dos primeiros 42 anos de pregação. Nesses últimos ensinamentos, destaca-se mais a solidariedade entre os homens do que o esforço individual, destacam-se mais a compaixão e o amor do que o esforço mental. O Grande Veículo espalhou-se por muitos países, como a Coreia, a China, o Tibet e o Japão. Nessa escola, o budismo não depende dos monges e os próprios budistas são pessoas casadas.

O ideal do budismo, segundo a Escola Mahayana, é chegar ao nível de um *Bodhisattva*, aquele que atinge a perfeita iluminação, tornando-se compassivo para com os outros. Os budistas oram pela harmonia do universo, praticam virtudes, buscam aprimoramento espiritual e uma vida pautada na solidariedade para com todos os seres.

---

* No *Sutra do Lotus* estão contidos os ensinamentos de Buda considerados mais importantes.

3.4
RELIGIÕES DE BASE CRISTÃ

CONFORME A APOSTILA *Informações sobre as tradições religiosas*, de autoria de Costa, Guilouski e Schlögl[33], produzida pela Assintec, a história do cristianismo foi marcada por diversas tensões e divisões. As mensagens de Jesus caminharam para além das fronteiras da Judeia, o que facilitou a diversidade de interpretações e cismas. O cristianismo nasceu dentro do mundo cultural judaico e se adaptou ao mundo helênico e ao Império Romano.

Jesus é a figura fundamental na organização do cristianismo. Seus primeiros discípulos professavam a fé judaica, frequentavam o templo e observavam a lei, porém seguiam os ensinamentos de Jesus. Ele se proclamava o filho de Deus e, depois de sua morte, os discípulos tiveram a certeza de que Jesus ressuscitou, sendo, portanto, o Messias, fato que veio a lhes fortalecer ainda mais a fé. Aos poucos, multiplicou-se o número dos que seguiam esses homens no caminho de Cristo.

Estabeleceu-se entre eles um regime comunitário em que compartilhavam o pão na alegria, como o havia disposto o próprio Jesus na última ceia que tomou com os apóstolos. Essa comunhão se estendia também para os bens materiais que eram colocados para a comunidade, dando consistência e significado pleno à refeição tomada em comum na ação de graças, a chamada *eucaristia*. Os primeiros cristãos desejavam viver a experiência do amor e da entrega a Deus, servindo ao próximo e cuidando para que os ensinamentos de Jesus fossem perpetuados e difundidos.

Em um dado momento, os conflitos desencadeados pelo Império Romano contra os cristãos foram gerando maior tensão e a perseguição aos seguidores de Jesus passou a ser constante. A prática espiritual e a doutrina dos cristãos atraíam um número crescente de pessoas, fato que estava se tornando extremamente incômodo. Jesus denunciava e questionava os hábitos sociais e religiosos de seu tempo, tendo inclusive provocado, com seu discurso, os ricos e poderosos da época, além de valorizar a conduta moral dos humildes.

Mais tarde, Paulo, apóstolo de Jesus, defendeu com discursos e com atitudes a ideia de que a mensagem de Cristo não era exclusividade do povo judeu, mas devia ser transmitida a todos os povos.

O cristianismo, como resultado histórico de seus movimentos de evangelização, ganhou territórios e se ampliou, também sofrendo por perseguições e se contraiu, até que, com a ascensão do imperador romano Constantino, em 313 d.C., o cristianismo é, então, proclamado como a religião do império.

Independentemente do resultado histórico das iniciativas de Paulo e da consequente inserção do cristianismo no mundo cultural romano, os projetos do apóstolo para a transmissão e a ampliação da fé em Cristo não estava vinculada a nenhuma cultura específica, mas deveria se harmonizar constantemente com as formas culturais de cada povo ou grupo humano a ser atingido por ela.

A imposição da cultura romana como veículo para a transmissão da fé gerou diversos movimentos de contestação, que resultaram em cismas. A primeira separação, ou cisma, entre os cristãos foi o cisma oriental, resultado das incompreensões culturais entre os gregos e os romanos.

O primeiro cisma cristão dividiu o cristianismo entre aqueles que seguiam a liderança papal, os católicos apostólicos romanos, e aqueles que não a seguiam, constituindo, assim, a chamada *Igreja Ortodoxa*.

No século XV, John Wicleff e John Huss se revoltaram contra a imposição da fé romana entre os eslavos e, no século seguinte, Lutero liderou o movimento protestante contra a imposição da cultura romana aos povos germânicos. Em seguida, os anglicanos se separaram por razões semelhantes. No século XVII, surgiu na França o movimento glaciano, contra a imposição da romanidade católica.

A grande luz da Reforma Protestante, para o catolicismo, ficou conhecida como a *moralização da Igreja Católica institucional*. Lutero, nesse sentido, foi uma figura de grande importância, pois denunciou as imoralidades vividas pelo clero e os abusos cometidos em nome da religião, como, por exemplo, a venda de indulgências, remissões ofertadas aos supostos pecadores em troca de uma certa quantia em dinheiro.

Pressionada pelas denúncias dos protestantes, a Igreja Católica se reuniu no célebre Concílio de Trento, em 1564, e nele reconheceu seus grandes desvios, resolvendo propor correções. Surgiu, então, um modelo novo de catolicismo, mais rigoroso e mais ético. Foi uma espécie de contra-ataque ao protestantismo. Esse contra-ataque, também chamado de *Contrarreforma*, fortaleceu a Igreja Católica, centralizada em Roma, agora com uma estrutura bem definida e com pressupostos rígidos de moralidade, caracterizada por ser ritualista, uniforme, com dogmas e doutrinas bem definidos.

O avanço do protestantismo favoreceu o crescimento do cristianismo, que se tornou um fenômeno complexo, dadas as constantes rupturas e ramificações que sofreu e ainda sofre na atualidade. Como exemplo dessas subdivisões, podemos citar o pentecostalismo e o neopentecostalismo.

O espiritismo, por sua vez, conforme definição da própria Federação

Espírita, é uma ramificação cristã que estuda a espiritualidade à luz da ciência, incluindo a pesquisa dos fenômenos conhecidos como *mediúnicos*. O espiritismo objetiva a transformação moral do ser humano e, para tanto, segue os ensinamentos de Jesus Cristo. Porém, não se encontram, nas sessões espíritas, sacerdotes ou rituais como os da Igreja Católica. As vestes são comuns e os participantes se concentram em seu desenvolvimento espiritual, no cultivo do amor puro, da caridade, pois creem que as boas ações significam muito para a evolução de seus espíritos. Seguem alguns princípios básicos que, segundo o *site* do Grupo Espírita Irmão Tomé[63] (Rio de Janeiro), podem ser assim explicitados:

- A existência de Deus, que é o princípio e o fim de tudo. Representa a própria perfeição; a imortalidade da alma que implica na continuidade da vida do espírito após a morte.
- A reencarnação, que é a crença que afirma que o espírito pode reencarnar no mundo e experienciar a vida material múltiplas vezes.
- O esquecimento do passado, que faz com que as pessoas não se lembrem de suas vidas passadas.
- A comunicabilidade dos espíritos, que é a possibilidade de entrar em contato com espíritos desencarnados.
- A fé raciocinada, que trata de compreender a crença.
- A Lei da Evolução, que indica que os espíritos têm um caminho a trilhar, um caminho evolutivo em direção ao bem.
- A Lei Moral, que coloca a questão das oportunidades para todos e reafirma a importância de seguir o exemplo vivo de Jesus.

Entre os diferentes grupos cristãos encontraremos uma grande diversidade de interpretações da *Bíblia*, de constituições hierárquicas, de *éthos* sugeridos, entre outros aspectos. A cada dia, novas igrejas surgem, povoando o mundo cristão e se diferenciando em seus segmentos. São rupturas e novos paradigmas que, muitas vezes, causam perseguições e desavenças entre os seguidores de diferentes igrejas ou até mesmo de diferentes religiões.

3.5
FÉ BAHÁ'Í

CONFORME ESSLEMONT[46], A FÉ BAHÁ'Í é uma religião nascida na Pérsia (Irã), em 1844, fundada por Miírzá Husayn'Ali, conhecido como *Bahá'u'lláh* (*A Glória de Deus*).

Em 1844, Siyyid'Ali-Muhamad, conhecido como o *Báb* (*A Porta*), proclamou uma nova revelação de Deus, dando origem à fé bábí. Báb afirmava que sua principal missão era preparar a vinda de um profeta ou manifestante de Deus ainda maior que ele próprio, a quem chamava *Aquele que Deus tornará manifesto*.

Em 1863, em Baghdád, Bahá'u'lláh comunicou ao mundo que ele era o prometido pelo Báb. Afirmou ser o portador de uma mensagem divina destinada a estabelecer a unidade mundial e a eliminar os preconceitos e as divisões. Escreveu epístolas aos principais soberanos da época, cujos conteúdos demonstravam sua clara intenção em proclamar a paz e a concórdia. Porém, foi aprisionado e torturado por cerca de 40 anos. Seu aprisionamento definitivo foi em Akká, na Terra Santa, hoje Israel.

Para os seguidores da fé bahá'í, importa saber que Deus é único, porém se manifestou historicamente e geograficamente em diferentes formas e diversos nomes. Eles acreditam que as nove grandes religiões do mundo são legítimas comunicações de um único e mesmo Deus, que assumiu apenas formas diferentes de manifestação.

Não existe sacerdócio na fé bahá'í, nem qualquer forma de profissionalismo religioso. As atividades são coordenadas por corpos de nove membros eleitos pelos *bahá'ís*. Tais corpos existem em nível local e nacional: as Assembleias Espirituais Locais, Nacionais e Internacionais: a Casa Universal da Justiça. As eleições são secretas e não existe qualquer tipo de candidatura, nomeação, campanha eleitoral ou partidos. Todos os *bahá'ís* maiores de vinte e um anos podem votar e ser votados.

Os ensinamentos enfatizam a necessidade da unidade mundial e da eliminação de todos os preconceitos, além de delinear as instituições que devem sustentar a concórdia mundial. Também ensinam a igualdade de direitos e privilégios entre homens e mulheres, a livre investigação da verdade, o encontro harmonioso entre ciência e religião, a eliminação de preconceitos e também a eliminação de extremos sociais de riqueza e pobreza, entre outros ensinamentos.

De acordo com a Comunidade Bahá'í de Portugal[30], os princípios fundamentais dessa religião consistem na unificação da humanidade, na investigação independente da verdade, na base comum de todas as religiões, na harmonia entre ciência e religião, na igualdade de direitos entre homens e mulher, na eliminação de preconceitos, na educação obrigatória universal e na paz universal.

A literatura sagrada da fé bahá'í inclui a totalidade dos escritos de Bahá'u'lláh, que constam mais de cem obras, e os escritos do Báb, o precursor da revelação *bahá'í*, e de 'Abdu'l-Bahá, o intérprete autorizado das escrituras. A principal obra de Bahá'u'lláh é o *Kitáb-i-Aqdas* (*O mais sagrado livro*), que contém as leis que guiam essa comunidade religiosa.

Para ser *bahá'í*, basta que a pessoa creia em Bahá'u'lláh e aceite seus ensinamentos. Não há cerimônias de iniciação, batismo ou sacramentos. Cada integrante tem a obrigação de orar diariamente e de jejuar em determinado período do ano, abstendo-se de comida e bebida desde o nascer até o pôr-do-sol.

3.6
HINDUÍSMO

CONFORME BOWKER[18], O HINDUÍSMO É um conjunto de crenças dos hindus. Ele apresenta dimensão e diversidade muito grandes, abrangendo desde os cultos das deusas das aldeias até os dos gurus modernos, como Sai Baba, e as doutrinas dos filósofos clássicos, como Shankara.

Comum à maioria das crenças hinduístas é a possibilidade de se atingir a libertação (*moksha*), que significa se libertar da roda das encarnações.

A Índia é um país muito grande e os elementos culturais e religiosos de Norte a Sul do país são variados e complexos. O fato de a Índia ter sido invadida pelos povos arianos (nômades da Ásia Central) afetou imensamente a cultura e a religião dos povos nativos, o que trouxe novos elementos ao contexto simbólico de suas religiões.

De acordo com Carvalho[26], a Índia conquistou sua independência do domínio britânico em 15 de agosto de 1947; não foi um processo fácil, ficando conhecido no mundo todo por conta da dignidade e da força espiritual de Mahatma Gandhi, responsável pela mobilização do povo indiano rumo à independência da Índia, por meio de atitudes de resistência e de não-violência, alicerçadas em profundas propostas e ações religiosas. Como disse Gandhi (citado por Carvalho[26]), "A não violência dos fortes é a força mais potente do mundo" (p. 101).

O hinduísmo é uma das religiões mais antigas do mundo. Suas raízes datam de mais de 4000 anos, no tempo da civilização do vale do Indo, que floresceu ao longo desse rio, no Oeste da Índia.

Os hinduístas acreditam na reencarnação, conceito que significa a possibilidade da alma renascer inúmeras vezes no plano material. Como afirma Küng[78], a crença na reencarnação cíclica dos mortos não nasceu na Índia, podendo ela ser identificada em muitas outras tradições.

A doutrina do *carma* (ação) é muito importante para os hinduístas. As ações em vida por uma pessoa definirão se ela encontrará a libertação (*moksha*) ou se terá que reencarnar. Os hinduístas seguem diversas práticas para alcançar a libertação, entre elas, o caminho devocional, o caminho do conhecimento, das boas ações, do yoga e da meditação.

Existem três manifestações divinas importantes no hinduísmo, conhecidos como *os três deuses*: Brahma (Criador), Vishnu (Preservador) e Shiva (Transformador). Este último é também conhecido como *Destruidor*. Ele é o Senhor da Dança, promovendo a destruição para, posteriormente, renovar, reconstruir. Porém, a maioria dos hindus acredita em um princípio criador, chamado *Brahmam*, princípio que a tudo permeia. Todos os deuses são gerados a partir de Brahmam e se fundem em sua essência.

Nas práticas religiosas hinduístas, reconhece-se, no silêncio, a presença do Absoluto. A recitação da sílaba "om" é o primeiro passo em direção ao silêncio; por isso, o hindu começa e termina sua oração recitando o "om". Esse é o som que se origina do silêncio primordial e que volta a ele, recriando todo o processo do surgimento da vida e do universo. Tudo o que é criado parte e retorna ao corpo do Absoluto. O silêncio gera o som que, por sua vez, retorna ao silêncio.

O *Diwali* é uma das mais importantes e apreciadas festas hindus, caracterizada pela graça e leveza dos hinduístas. Comemorado no final de outubro ou no começo de novembro, é a festa hindu das luzes. As pessoas acendem várias lamparinas a óleo e as colocam em suas portas e janelas, para guiar Rama de volta ao lar, depois de seu longo exílio. Rama é um dos avatares do deus Vishnu e seu nome significa "a fonte de todo o prazer", ele é o símbolo do homem perfeito. O *Diwali* é também a ocasião para se venerar Lakshmi, a deusa da boa sorte, e para se fazer o balanço anual dos negócios.

Os hinduístas possuem práticas cerimoniais diversas e consideram todas as formas de vida como algo extremamente sagrado, como é o caso do respeito e veneração às vacas, serpentes e macacos. O termo *hindu*, conforme Bowker[18], significa "aquele que está longe da violência"; portanto, o hinduísta, na maioria das vezes, é vegetariano, recusando-se a matar animais para se alimentar.

3.7
ISLAMISMO

O MUÇULMANO É AQUELE QUE se submete a Deus (Alláh), ou seja, entrega-se incondicionalmente à vontade divina. Essa importante tradição acredita que o profeta Mohamed (Maomé) foi apenas um canal para a revelação de Alláh, de modo que não se deve chamar o islamismo de maometanismo, pois Mohamed é somente o profeta da religião.

O islamismo* se difundiu rapidamente a partir do seu lugar de origem, na Arábia ocidental, no início do século VII da Era Cristã (EC). Antes de Mohamed, o povo árabe era dividido em várias tribos e grupos, muitas vezes rivais, vivendo numa região desértica. Cada tribo possuía seus costumes e seus líderes. Essa época é chamada de *Jahiliá* (ignorância). Os árabes, famosos por suas caravanas, hábeis comerciantes, organizavam grandes feiras e transportavam produtos para vender na Síria e em Bizâncio. Eram amantes da poesia e gostavam de ouvir e contar histórias.

Mohamed, um mercador, foi o grande responsável pelo processo de unificação das tribos árabes por meio do estabelecimento da unidade política, religiosa, ritual, das doutrinas e das leis praticadas de acordo com o *Corão* ou *Alcorão*.

Como afirmam Costa, Guilouski e Schlögl[32], Mohamed nasceu em Meca, por volta do ano 571 EC. Conta a história que ele rezava perto de Meca, em recolhimento espiritual que já durava um mês, quando, em uma dada noite, o anjo Gabriel se apresentou a ele, trazendo uma ordem de Deus: "Recita!". A partir dessa revelação, durante anos o profeta ouviu a voz do anjo Gabriel a lhe recitar o *Corão*.

Mohamed põe-se a pregar aos seus parentes e conterrâneos um rígido monoteísmo, que excluía da *Caaba* todos os ídolos (inclusive os das três filhas atribuídas a Alláh), ameaçando ao fogo do inferno todos os que cometiam injustiças e levavam uma vida dissoluta. Seus primeiros discípulos foram sua mulher, seus filhos, um sobrinho e um escravo.

---

* O islamismo é uma religião que adquire um número cada vez maior de adeptos. A "islamização do mundo" é um fato cada vez mais evidente.

Lentamente, utilizando-se de manobras políticas e mantendo-se fiel ao que lhe fora ordenado, Maomé vai se tornando figura eminente no mundo árabe e conseguiu difundir o monoteísmo, agregando diversas tribos e, com isso, fortalecendo o seu povo.

A palavra *islã* significa "submissão a Deus e ao seu decreto divino"[33]. Os cinco pilares do islamismo são:

- o testemunho da unicidade de Deus e da profecia de Mohamed;
- a oração ritual;
- o imposto social;
- o jejum no mês do *Ramadã*;
- a peregrinação à Meca.

Os muçulmanos se reúnem em mesquitas para as suas orações. Nelas, as mulheres devem entrar com a cabeça coberta por um véu e tanto elas quanto os homens devem deixar seus sapatos do lado de fora do templo. Meca é considerada a cidade mais sagrada para os islâmicos e, ao menos uma vez na vida, seus adeptos devem ir até lá para realizar suas orações em torno da *Caaba*, se tiverem condições financeiras para fazê-lo. Todo seguidor do islã deve devotar a vida a praticar o bem e, principalmente, só será um verdadeiro muçulmano aquele que submeter sua vida completamente aos desejos de Alláh.

3.8
JAINISMO

O JAINISMO É UMA TRADIÇÃO religiosa indiana derivada dos antigos *jinas*, aqueles que superaram a condição ordinária e atingiram elevado grau de espiritualidade, também chamados *tirthankaras*. Embora a tradição fale em vinte e quatro deles, a comunidade jaina da Índia pode remontar à vida e obra de Vardhamana, também conhecido como *Mahavira* (Grande Herói), o mais recente dos *tirthankaras*.[18]

À semelhança dos budistas, os jainas, que se dedicam com afinco à busca do libertação (*moksha*), vivem como ascetas. Os jainistas se dividem em dois ramos: uma de suas facções prega que os homens não devem usar nenhum tipo de roupa – são os *digambaras*, ou os "vestidos de céu" (nus) –, e o outro ramo, que discorda disso, são os *shvetambaras*, ou "vestidos de branco", por causa das suas túnicas simples e brancas.

Nos tempos modernos, os *digambaras* usam, algumas vezes, túnicas em público, mas a divisão tradicional persiste. Cada um deles desenvolveu a sua própria literatura, em grande parte dedicada à exposição da teoria do *carma*.

Os jainas mantêm rigoroso vegetarianismo e se dedicam à prática da *ahimsa* (não-violência), considerada uma doutrina fundamental. O próprio Mahatma Gandhi, que nasceu em Guzerate, na Índia, sofreu influência da doutrina e da prática dos jainas; pesquisadores afirmam que a mãe de Gandhi era jainista.

O jainismo rejeita a ideia de intercessão dos deuses, assim como a crença de um Deus pessoal, supremo, único, espiritual, onisciente e onipresente, criador e retribuidor. Para eles, não é possível demonstrar racionalmente que o universo teve um início ou que terá um fim. Os jainas não apresentam ideias sobre Deus, mas acreditam em um princípio transcendente. Nessa doutrina, não há lugar para a salvação, nem para deuses salvadores, pois cada um liberta a si mesmo de suas implicações com a matéria, pela meditação, pelo desapego dos bens materiais e pela prática de uma rigorosa ascese.

O jainista considera a alma uma realidade. Para eles, os humanos e os animais possuem uma mônada ou *jiva*. A não-violência ou *ahimsa* é um de seus grandes preceitos – é o motivo pelo qual os jainas cobrem a boca com retalhos de pano e coam a água, para não engolir os seres vivos que andam pelos ares. Os jainistas renunciam à pratica de qualquer atividade que envolva a morte de seres vivos. O respeito a todas as formas de vida alcança no jainismo uma verdadeira maestria.

3.9
JUDAÍSMO

DE ACORDO COM COSTA, GUILOUSKI E SCHLÖGL[32], *hebreu* vem da palavra hebraica *ivri* ou *ever*, que significa "passar". A história dessa religião tem sua origem em Abraão, que nasceu em Uhr (atual Iraque).

Os judeus acreditam que o judaísmo começou quando Abraão, o pai da religião judaica, começou a venerar um Deus em vez de muitos, como fazia seu pai. De acordo com a *Torá*, Abraão nasceu em 1833 AEC*. Mais tarde, casou-se com Sarai e partiu com ela. Seguindo uma rota indicada por Deus. Abraão fez um acordo, ou pacto, com Deus: prometeu ser fiel a Ele e ensinar suas leis para o mundo. Para marcar esse pacto, Abraão circuncidou a si mesmo.

---

* AEC: antes da Era Cristã

A crença básica da religião judaica é a existência de um Deus único, eterno e indivisível. Os judeus também acreditam que foram escolhidos para receber de Deus a Torá (o *Pentateuco*) – a primeira parte do *Tanach* (a *Bíblia* judaica). Para os judeus, a justiça é um valor de extrema importância; portanto, eles se dedicam a ser pessoas justas.

A família judaica segue rituais bem específicos, respeitando festas e refeições familiares. A comida *kasher*, que, em hebraico, significa "próprio" ou "permitido", segue leis claras do que deve ou não ser ingerido e como deve ser preparado o alimento. Os judeus consomem carnes de animais ruminantes de casco fendido, por serem considerados limpos. O porco, por exemplo, que não é um ruminante e, portanto, não é consumido pelos judeus. Além da restrição à carne suína, frutos do mar que não tenham escama e barbatana e qualquer animal que não rumine e não tenha a pata fendida não devem ser consumidos. Os talheres são específicos e sem ranhuras. As geladeiras têm lugares específicos para cada tipo de alimento e algumas cozinhas têm até duas pias.

O rabino é o líder espiritual preparado para conduzir o povo, sendo ele o responsável pela sinagoga, que é a casa de encontro dos judeus. Os judeus costumam fazer três orações – uma de manhã, outra à tarde e outra à noite. Eles acreditam que o Messias virá quando os seres humanos estiverem preparados. Quando ele vier, haverá paz geral e os justos levantarão (ressuscitarão). A reencarnação é aceita pela tradição mística da cabala, parte oculta do judaísmo, porém não é uma crença judaica universal.

Existem normas éticas claras a serem seguidas, como por exemplo: honrar pai e mãe, ajudar os necessitados, respeitar as pessoas mais velhas, oferecer hospitalidade aos estrangeiros, não caluniar, ser justo, visitar doentes, entre outras.

Há momentos muito importantes na vida de um judeu: o nascimento, início da vida adulta, e a morte. Ambos são celebrados em rituais próprios. O ritual de circuncisão, por exemplo, é realizado quando o menino conta oito dias de vida e significa a sua entrada no pacto de Abraão. Nesse momento, o menino recebe seu nome e as pessoas pedem a Deus para que a criança seja abençoada. Já a menina recebe o nome na sinagoga (o pai que o faz), logo após o seu nascimento.

Aos treze anos, o menino realiza seu *Bar Mitzvah*, ritual no qual o adolescente sobe à frente na sinagoga e lê palavras escritas no rolo da *Torá*. Ele começa seu estudo para essa leitura um ano antes. As meninas que estão no judaísmo mais liberal também podem ler a *Torá* na sinagoga. As meninas possuem uma celebração conhecida como *Bat Mirzvah*, que ocorre aos 12 anos de idade, momento em que elas se tornam "filhas do mandamento".

Os judeus progressistas creem que as leis podem ser atualizadas. As mudanças recentes dizem que homens e mulheres devem ser iguais em qualquer área da prática judaica.

Como explicam Costa, Guilouski e Schlögl[32], os judeus não escrevem a palavra *Deus*, mas sim D'us, pois o nome de Deus não deve ser profanado; uma vez que se escreve o nome de Deus, esse não pode ser queimado ou rasgado, apenas enterrado.

São princípios éticos relevantes para os judeus: a justiça social, os atos de bondade, os caminhos da paz, a santificação do Nome de D'us e a consciência de que todos os judeus são responsáveis uns pelos outros.

Os costumes judaicos estão intimamente ligados com a sua orientação religiosa – a integridade do corpo é algo sagrado para o judaísmo;

portanto, judeus não podem passar por autópsia, mas podem doar sangue e órgãos (em vida). Nunca são cremados. Ao se cumprimentarem, os judeus utilizam usualmente a palavra *shalom*, que significa "paz", o que inclui a experiência de ser completo e íntegro.

3.10
TAOISMO

TAO CHIAO, OU O TAOISMO, é termo que significa "ensinamentos sobre o caminho". O taoismo religioso chinês é uma religião muito antiga, que incorpora ideias e imagens dos textos taoistas filosóficos, como o *Tao te Ching*, a teoria do *yin-yang*, a procura da imortalidade, a disciplina mental e física, a higiene interior, a alquimia interna, a cura e o exorcismo, os panteões dos deuses e espíritos e os ideais de estados teocráticos.

O mais famoso e influente texto taoista é o *Tao Te Ching*, tradicionalmente atribuido a Lao-Tsé, que se supõe ter sido contemporâneo de Confúcio. É, todavia, impossível identificar com precisão a autoria da obra ou a data desse texto.

Conforme o próprio *Tao Te Ching*[79]:

O Tao que pode ser pronunciado
Não é o Tao eterno.
O nome que pode ser proferido
Não é o Nome eterno.
Ao princípio do Céu e da Terra chamo "Não Ser".
À mãe dos seres individuais chamo "Ser".
Dirigir-se para o "Não Ser" leva

À contemplação da maravilhosa Essência;
Dirigir-se ao Ser leva
À contemplação das limitações espaciais.
Pela origem, ambos são uma coisa só,
Diferindo apenas no nome.
Em sua Unidade, esse Um é mistério.
O mistério dos mistérios
É o portal por onde entram as maravilhas. (p. 37)

De acordo com o texto de Lao-Tzu (um dos nomes conhecido de Lao-Tsé), a essência e fonte do céu e da terra, indomada e imutável, pode chamar-se Tao. Conquanto produza e sustente todas as coisas, o Tao o faz sem nenhuma ação volitiva ou intencional. Seus aspectos passivo e produtivo são descritos como Não-Ser e Ser, respectivamente. Para estar em harmonia com o Tao, o sábio soberano precisa não ter desejos, intenções ou ações volitivas. Se de fato alcançar esse estado de não-fazer, alcançará a tranquilidade e estará apto a governar o império.

Todo comportamento consiste em opostos ou polaridades (yin e yang). Se fizermos alguma coisa repetidas vezes, a polaridade surgirá. Por exemplo:

- um comportamento demasiadamente resoluto produz o seu oposto;
- a obsessão de viver insinua preocupação com a morte;
- a verdadeira simplicidade não é fácil;
- quem quer ser o primeiro acaba sendo o último.

O taoismo é uma religião que, ao lado dos rituais, apresenta um corpo reflexivo altamente filosófico, o que a torna uma religião mítica e filosófica ao mesmo tempo.

3.11
ZOROASTRISMO

CONFORME BOWKER[18], ESSA É A religião dos seguidores do profeta iraniano Zarathustra, que os gregos chamaram de *Zoroastro*. Segundo a *Enciclopédia das religiões* de Merton[86], a origem do zoroastrismo remonta a meados do século VI AEC. Num dado momento, o zoroastrismo se tornou a religião oficial de três impérios iranianos sucessivos: o dos aquemênidas, o dos partos e o dos sassânidas, cujos limites territoriais se estendiam até o que são hoje o Afeganistão e o Paquistão, na direção do Oeste, até o atual Iraque e, por vezes, até o que são hoje a Palestina e a Turquia.

O *Avesta* e o *Pahlavi* (livros sagrados), entre outros documentos escritos, comentam que a sociedade estava dividida em castas e que cada uma dessas camadas possuía seus próprios deuses. Zarathustra, filho de um sacerdote, já aos quinze anos era reconhecido por suas obras religiosas e, aos 30 anos, afastou-se para a solidão de uma montanha. Lá, passou por uma importante experiência mística e a ele foi revelada a existência de um Deus supremo – Ahura Mazda. Após refletir sobre sua experiência, quando contava 40 anos, Zarathustra desenvolveu o zoroastrismo, que acabaria com o politeísmo das castas.

Mais tarde, o Irã zoroastriano é derrotado pelo islamismo, deixando a marca histórica de ter sido a religião oficial de três grandes impérios.

Uma característica essencial do culto é a presença e a importância dada ao fogo, que representa a pureza física e moral. Acreditam os zoroastristas em um Deus totalmente bom, que se opõe ao mau – Angra Mainyu. Parte essencial dessa religião é que todo o mal será derrotado. Não existe dualismo entre o espírito e a carne, pois tanto o mundo espiritual quanto o material são criações de Deus. O homem, portanto, tem o dever religioso de cuidar dos aspectos materiais e espirituais de sua existência.

É uma religião que propaga ideais morais. Depois que o crente é iniciado, ele tem a obrigação de combater o mal em todas as suas formas, seja qual for o seu sexo, pois é pequena a diferença entre as obrigações religiosas de homens e mulheres.

O zoroastrismo tem considerável importância histórica e exerceu profunda influência sobre o judaísmo, o cristianismo e o islamismo, em particular no que tange às crenças no céu, no inferno, na existência de anjos, na ressurreição dos mortos e no juízo final.

3.12
XINTOÍSMO

O XINTOÍSMO É UMA RELIGIÃO nativa e muito antiga do Japão. Ela abarca um conjunto de cerimônias agrícolas pré-históricas e não se preocupa em possuir um corpo sustentador de literatura filosófica ou moralista. Os xamãs realizavam as cerimônias xintoístas. Posteriormente, os xamãs da tribo *yamato* passaram a fazê-las em nome das demais tribos e o seu chefe assumiu obrigações que o conduziram à liderança do estado xintoísta. Os sacerdotes dessa religião não são obrigados ao celibato e podem mesmo exercer outras funções. Como afirmam Costa, Guilouski e Schlögl[32], o xintoísmo adquiriu aspectos políticos por volta do século VIII, quando escritores *Yamato* atribuíram origens divinas à família imperial e, assim, reivindicaram a legitimidade para o poder.

As cerimônias xintoístas tratam de invocar os *kami* (poderes da natureza), para lhes pedir proteção; para tal, os xintoístas praticam abstinências, oferendas, preces e purificações. As cerimônias são marcadas por um calendário fixo e, nesses períodos, são comuns as visitas aos templos.

Muitos lugares santos, como montanhas, fontes, cavernas, árvores, pedras etc., possuem forças misteriosas da natureza e, portanto, possuem um *kami*. Existem histórias que os seguidores do xintoísmo narram sobre esses lugares, falando de possessões animais envolvendo raposas, guaxinins, texugos, cães e gatos, entre outros animais que teriam poderes de enfeitiçamento.

O xintoísmo destaca a importância da pureza e se preocupa, em primeira instância, com a vida e com as dádivas recebidas em vida. Segundo a sua perspectiva ética, o que é bom para o grupo é moralmente apropriado. Os seguidores devem vivenciar a devoção e a sinceridade, e os erros, por sua vez, necessitam de purificação. Os processos de purificação tornam os xintoístas apresentáveis e, portanto, suas súplicas aceitáveis aos *kami*. Há também o culto aos espíritos dos mortos: os xintoístas acreditam que almas desencarnadas podem permanecer no plano material a circular entre os vivos e participar da vida da família, bem como lhes vigiar a conduta. Há um entrelaçamento entre os mortos e os vivos e um relacionamento de dependência importante entre esses.

O bem-estar dos mortos depende dos cuidados que os vivos têm para com os entes falecidos, além da atenção dada aos alimentos, bebidas e objetos usuais que os vivos depositam sobre os túmulos. Com o tempo, no processo lento de transformação da religião, para alguns, essa ideia se torna mais simbólica e, então, declara-se que é de respeito e reconhecimento que os mortos têm necessidade.

Como vimos, há várias espécies de *kami*: os *kami* da família; os da vila ou do clã; os da nação, sobretudo os espíritos dos ancestrais do imperador e, finalmente, os *kami* que animam a natureza, o céu, as árvores, as pedras e até os utensílios e os instrumentos de cozinha. Determinados espíritos, mais poderosos, tornam-se verdadeiros deuses, aos quais se reportam antigas lendas. O Japão está coberto de capelas e de templos xintoístas. O culto consiste em recitar preces ou fórmulas mágicas muito antigas e em apresentar aos deuses oferendas e danças.

3.13
ALGUMAS REFLEXÕES SOBRE O FEMININO NAS TRADIÇÕES RELIGIOSAS

O PODER FEMININO FOI MUITAS vezes considerado terrível e foi combatido em todo o decorrer da história. A crença na existência de um princípio criador feminino, na Deusa, foi banida e muitas mulheres foram perseguidas e condenadas à fogueira como bruxas. Essa ideologia era perigosa para os padrões patriarcais que sustentavam a Igreja Católica na Idade Média. Venerar uma deusa significaria a retomada de antigas crenças e rituais de veneração à Mãe Terra, que, nos moldes patriarcais, já havia deixado de ser considerada sagrada. A Deusa conferia o poder sagrado a todas as expressões de vida, desde os brotos novos, até os animais, pessoas etc., contrapondo-se à crença no Deus masculino, que colocava o sagrado em um espaço distante e intocado pelo plano terreno.

O patriarcado, calcado por uma concepção de um deus masculino, colocou o feminino na posição de submissão e até mesmo como uma força que conduzia ao pecado, uma vez que o corpo feminino era tido como uma armadilha que tentava os homens a cometerem o "pecado" do sexo.

Conforme Miles[87], as mulheres passam por um problema ao refletir sobre a criação dos seres humanos feitos à imagem e semelhança de Deus, conforme a tradição cristã. Consequentemente, a imagem desse Deus é masculina e parece possuir uma ligação mais estreita com os homens e os meninos do que com as mulheres e as meninas; desse modo, muitas mulheres já relataram o sentimento de não encontrar espaço de identificação com esse modelo de universo do Divino.

Para as mulheres, a imagem criada de um Deus masculino, criada pelo patriarcado, representou uma terrível perda. Sua capacidade imaginativa se tornou rasa e a capacidade para se identificar com o divino, reduzida.

O feminino comporta a ideia de que, de um modo geral, as mulheres têm uma relação mais íntima com a natureza, dado o fato de gestarem os filhos em seus próprios corpos, como a terra faz com seus brotos novos. Do mesmo modo que a terra foi explorada, o feminino também o foi. Ambas foram privadas de sua sacralidade.

Miles[87] lembra que, no período paleolítico, disseminava-se a crença em um princípio criador feminino, ou seja, na Deusa. Essa crença prosseguiu por diferentes tempos históricos e culturas. Ainda encontramos a figura de deusas em religiões como o hinduísmo, o xintoísmo etc.

Atualmente, os seguidores da religião da velha mãe, ou seja, os seguidores de wicca, pregam que existe no universo um equilíbrio entre as forças femininas e masculinas. Eles realizam ritos a fim de interagir com essas forças; não raramente, seus rituais acontecem sob a luz e a proteção da Lua, símbolo do poder sagrado feminino.

Síntese

AS DIVERSAS TRADIÇÕES RELIGIOSAS, FILOSÓFICAS e místicas se alicerçam em conceitos que passam de geração para geração, garantindo a sua longevidade. Uma das características da tradição é que esta consegue transmitir valores e regras de comportamento por meio da repetição de suas práticas de natureza ritual, mitológica e simbólica. As tradições seguem por gerações e, ao serem repetidas, garantem identidade ao sistema cultural e coesão entre os seus membros. Pela veiculação da tradição utilizando-se da linguagem simbólica, as religiões sobrevivem aos tempos, o que permite aos seguidores a construção de um sentimento de força e continuidade que lhes garante a segurança de suas crenças.

As religiões, como um todo, ocupam-se em transformar a vida humana, elevando-a a uma categoria transcendente, espiritual e, para tanto, buscam construir comportamentos, ditando regras de conduta e avaliando essas mesmas condutas com base nos ensinamentos de seus textos sagrados.

Indicação cultural

GUINEVERE: a rainha de Excalibur. Direção: Jud Taylor. EUA: Castle Hill Productions, 1993. 91 min.

Esse filme aponta para aspectos do antigo culto à Deusa. É uma retomada do mito do rei Arthur em uma perspectiva feminina. O mito do Rei Arthur e de sua espada, em termos psicológicos profundos, refere-se à obtenção do poder e de seu uso. Historicamente, os poderes femininos foram negados e considerados "bruxaria", enquanto os poderes masculinos foram legitimados como uma forma de "magia branca", com a qual o mal poderia ser vencido.

Atividades de Autoavaliação

1 Assinale a alternativa correta.

Estudar as diferentes manifestações do sagrado significa:

A) aprimorar o conhecimento sobre os diferentes modos de crer, a fim de se desvencilhar de sua própria crença religiosa.

B) aprender que Deus é múltiplo e que, não importa qual religião a pessoa siga, ela estará no caminho do Bem; isso ajuda o professor a mostrar que todos devem possuir uma religião.

C) aprender a respeitar cada pessoa em sua opção de possuir ou não uma religião.

D) aprender a orar de diferentes formas, a fim de conquistar paz de espírito.

2 Marque as duas alternativas corretas.

As culturas e tradições religiosas:

A) devem ser levadas em consideração no Ensino Religioso, desde que o cristianismo seja apresentado como figura principal.

B) apresentam complexidade e apontam para a diversidade geográfica e histórica dos povos, bem como para outros elementos importantes constitutivos de sua estrutura.

C) são tratadas pedagogicamente da mesma maneira, sem que nenhuma seja apresentada como superior ou inferior à outra.

D) são irrelevantes no desenvolvimento dos conteúdos do Ensino Religioso.

3 Assinale a alternativa correta.

As tradições religiosas indígenas:

A) são todas iguais, facilitando o estudo e o tratamento didático de seus conteúdos.

B) não existem mais. Portanto, não há porque o Ensino Religioso se preocupar em trabalhar com esse fenômeno.

C) são desordenadas e seguem livremente, conforme o desejo das aldeias, visto que os povos indígenas não possuíam disciplina, não tinham "fé, lei ou rei".

D) têm uma estrutura sólida e muito bem elaborada, permitindo a harmonização do homem com o meio intra e extrapsíquico. O vínculo do homem com a Mãe Terra é condição básica para sua sobrevivência e, portanto, elemento indissociável de seus ritos e experiência com o Imanente/Transcendente.

4 Sobre as tradições religiosas africanas, marque com (V) para verdadeiro e (F) para falso as seguintes alternativas:

( ) Elas fazem parte da base constitutiva da cultura brasileira.

( ) Elas acreditam que podem obter favores do diabo e seus rituais se destinam a negociações com aquele.

( ) Elas formaram o candomblé. *Candomblé* é uma palavra que possui origem no banto e significa "cantar e dançar em louvor".

( ) Elas se dividem em tradições do bem e tradições do mal.

Agora, assinale a alternativa que apresenta a sequência correta:

A) V, V, V, F

B) F, V, V, F

C) F, F, V, F

D) V, V, F, F

E) V, F, V, F

5 Assinale a alternativa correta.

As tradições religiosas de matriz oriental:

A) praticamente inexistem no Brasil. Portanto, não há razão para o professor trabalhar com seus conteúdos em sala de aula. O Ensino Religioso trata da realidade próxima ao aluno e não trabalha com conteúdos que não fazem parte desse contexto.

B) tratam de religiões expressamente politeístas, com práticas pagãs e desordenadas.

C) possuem grande complexidade e relevância; entre elas, podemos citar o taoismo, o xintoísmo, o hinduísmo e o budismo.

D) acreditam que a meditação consiste na única maneira de se chegar a Deus.

Atividades de Aprendizagem

Questões para Reflexão

1 A partir do filme *Guinevere: a rainha de Excalibur*, forme um grupo de discussão no qual você terá a oportunidade de falar e ouvir sobre a experiência de cada um no que se refere à **visão patriarcal e matriarcal das religiões do passado e da atualidade**.

2 Elabore uma lista com o nome de pessoas que são símbolos religiosos femininos e masculinos. Analise o resultado de sua pesquisa e procure trocar ideias a respeito com seus colegas de docência.

Atividades Aplicadas: Prática

Seguem sugestões de duas atividades para serem aplicadas com os alunos, em sala de aula.

Conteúdo: Culturas e tradições religiosas

TEMA 1: As religiões presentes em minha família e na sala de aula.

Objetivo: identificar a existência de diferentes religiões reconhecendo que o mundo religioso é constituído por diferentes formas de praticar a religião.

Atividade: para desenvolver essa temática, sugere-se que cada aluno desenhe (em uma folha A4) uma árvore com galhos grossos, que representará as religiões vividas pela sua família.

Ao trazer para a escola a sua árvore já preenchida com o nome das religiões de seus familiares, incluindo avós, tios e primos, o aluno encontrará colado na frente da sala de aula um painel com uma grande árvore desenhada, que foi anteriormente preparada pelo professor. No tronco dessa árvore, estará escrito: *As religiões da turma*. À medida que cada aluno apresentar ao grupo a sua árvore, o professor deve escrever em um galho o nome da religião a qual pertence o aluno. Cabe observar que a árvore será construída com tantos galhos quantos alunos existirem na classe.

Avaliação: essa atividade reconhece a diversidade religiosa e vivencia atitudes de respeito para com a opção religiosa dos outros.

TEMA 2: Construindo um mundo melhor baseado na liberdade de expressão das crenças religiosas.

Objetivo: reconhecer o direito à liberdade de crença de cada cidadão e cidadã.

Atividade: a seguir, apresenta-se uma sugestão de história a ser apresentada para os alunos como situação problematizadora, a fim de que todos possam discutir sobre o evento narrado:

Certa vez, em um cemitério, estava um cristão colocando flores no túmulo de um ente querido enquanto fazia as suas orações habituais, mas algo o fez parar com tudo, pois, ao seu lado, chegou um homem budista, provavelmente de origem oriental, pelo aspecto do rosto. Esse homem colocou uma tigelinha de alimento sobre o túmulo de seu ancestral, ou seja, seu avô falecido. Quando ia iniciar suas orações, foi interrompido por um riso incontrolável do senhor cristão que olhava para ele e sacudia a barriga, que por sinal era bem grandinha, de tanto rir.

O budista, sem perder a calma, perguntou: – Do que o Senhor está rindo?

O cristão respondeu: – O Senhor vai me desculpar, mas, pelo visto, ainda não sabe que os mortos não comem... há, há, há.

O budista olhou bem nos olhos dele e, tranquilamente, apontando para as flores que estavam no vaso, respondeu: – E o Senhor, ainda não sabe que os mortos não cheiram...

O riso parou totalmente e ambos estavam pensativos. O cristão que havia colocado flores no túmulo compreendeu, então, que o sentido da homenagem que aquele homem colocava sobre o túmulo não diferia tanto do sentido da homenagem que ele mesmo colocava sobre o túmulo de seu ente querido.

A partir desse dia, os dois homens se tornaram amigos e se comprometeram a mostrar um para o outro a sua religião, de maneira que, conhecendo as diferentes religiões, pudessem se respeitar ainda mais, estreitando, assim, os laços de afeto e amizade.

Após terem ouvido essa narrativa, os alunos podem elaborar histórias em quadrinhos a partir do conteúdo que ouviram e, então, iniciar um debate sobre a necessidade de conhecer a diferença, evitando, dessa forma, o comportamento preconceituoso.

Ao final da atividade, o professor pode apresentar a seguinte frase, escrita em cartolina: *O conhecimento sobre as diferentes religiões nos torna livres de preconceitos*. Os alunos devem então desenhar nesse cartaz imagens que ilustrem essa ideia.

Avaliação: nesse momento, o aluno pode se autoavaliar, percebendo se ele é uma pessoa aberta ao convívio com pessoas de outras religiões ou não. Em uma folha de papel, o aluno pode relacionar quais são as atitudes importantes que os indivíduos devem ter em vista para conviver harmoniosamente com as diferenças.

QUATRO

Prática pedagógica derivada do estudo dos mitos e símbolos

Este capítulo trata da linguagem pela qual as religiões e filosofias místicas se expressam. Pela linguagem, as tradições comunicam ideias aos seus seguidores e se comunicam com a instância do Sagrado. A linguagem religiosa está impregnada de sentidos profundos, visto que é extremamente simbólica, o que favorece a mobilização dos sentimentos e da racionalidade. A linguagem simbólica toca o ser humano em sua totalidade, mobilizando energias em seu interior que se manifestarão por meio de sua atitude face à vida, a si mesmo e ao mundo. Os mitos, histórias elaboradas a fim de comunicar os sentidos que, de outro modo, seriam incomunicáveis, servem-se das expressões simbólicas, pois, para comunicar o incomunicável, é preciso criar meios e não fins.

Para o professor de Ensino Religioso, o conhecimento das características, funções e leituras simbólicas constitui uma ferramenta básica para a análise dos diferentes mitos, respeitando a sua particularidade de revelação e de mistério, uma vez que os mitos revelam mensagens, permanecendo velada, porém, uma parte de seus sentidos, instigando e encantando as pessoas. Símbolos e mitos são "vivos", nunca podendo ser enrijecidos e encapsulados em interpretações únicas, que carregam o desejo de manipular os comportamentos e as consciências. Isso ocorre, algumas vezes, no universo religioso; no entanto, os mitos e os símbolos continuam sobrevivendo a todas as tentativas de engessamento e ainda se mostram como energias pulsantes e centrais de todas as organizações religiosas.

4.1
Considerações sobre mitos, símbolos e ritos

O Ensino Religioso aborda a diversidade religiosa presente na realidade próxima e na realidade distante dos alunos, tendo como objeto de estudo as manifestações do sagrado nas coletividades. A realidade próxima compreende as experiências pessoais, familiares e até mesmo do grupo a que pertence o educando. A realidade distante abrange o fenômeno religioso no mundo, tal qual acontece em lugares mais distantes.

Para que a educação estenda os seus limites e cumpra sua função de ampliar os conhecimentos e de estabelecer redes cada vez mais complexas e profundas entre eles, é importante que o aluno, ao partir da realidade próxima, articule seus conhecimentos na busca da compreensão do fenômeno religioso, por meio do estudo das manifestações do Sagrado presentes no mundo. Para estudar essas manifestações, é imprescindível o conhecimento da simbologia religiosa, bem como dos mitos que as veiculam sob a forma de textos sagrados.

Os mitos são as histórias sagradas. Seu texto é construído a fim de tornar dizível o indizível; portanto, utiliza-se das metáforas e dos símbolos, a fim de exprimir suas ideias que, mais do que simples palavras, são compostos que mobilizam uma ampla gama de energias emocionais direcionada aos indivíduos para os quais o mito se apresenta.

O mito cumpre várias funções importantes, entre elas a de ser o norteador psíquico para atitudes do ser humano face ao mundo. Ele instiga, emociona, clarifica posicionamentos, ao mesmo tempo em que deixa permanecer sempre um espaço de espanto mudo, no qual os símbolos exprimem o inexprimível. Dão conta de fazê-lo, apesar dessa afirmação ser paradoxal. O símbolo no mito clarifica e obscurece significados ao mesmo tempo, pois, enquanto revela uma face projetando luz e consciência em um lado, sombreia o outro, permitindo que o mistério permaneça intacto, mesmo que revelado.

Lançando o olhar para diferentes agrupamentos humanos e conhecendo suas maneiras de fazer religião, por meio da escuta atenta de seus mitos e do reconhecimento dos símbolos que vivem e respiram, pode reconhecer-se os elementos constitutivos das diversas maneiras de se fazer religião e, assim, desvendar seus códigos simbólicos, a fim de lhes compreender os sentidos.

As culturas são o berço de onde provém toda a criação humana e a expressão de suas formas de vivência espiritual, que se dão a conhecer por intermédio de uma linguagem bastante peculiar e quase sempre metafórica, constituída por símbolos. Os textos, que são a expressão sistematizada desses códigos simbólicos, utilizam-se de figuras de linguagem, quando esse texto é oral ou escrito, e de posturas e sons, quando o texto é dançado ou representado ou, ainda, utilizam-se de sons na expressão do sagrado por códigos musicais, rítmicos e harmônicos, havendo também códigos de cores, entre outros. Os códigos que permitem o entendimento desses textos se originam da construção de compreensão de elementos como dado particular de determinada cultura. Os comportamentos éticos (*éthos*) se consagram como cristalizações da conduta humana derivadas da experiência mítico-simbólica de um determinado povo e, é claro, sofrem grande influência das questões históricas e experiências geográficas desse mesmo agrupamento.

Por meio de diferentes formas ritualísticas, a expressão da linguagem simbólica se dá de maneira a propiciar a participação efetiva dos membros de uma determinada tradição religiosa ou movimento espiritual. É durante o ritual que o adepto interage com o Transcendente e provoca o Imanente, por meio da participação efetiva de seu corpo como instrumento que comunica seus desejos e que cumpre, na realização de seus ritos, o destino último de sua experiência na participação mística.

A simbologia religiosa é expressiva e indissociável das práticas ritualísticas de todos os povos. Os símbolos cumprem a função de comunicantes e, no âmbito religioso, a linguagem direta não dá conta de exprimir o mistério. Por isso, somente os símbolos podem tangenciar o inexprimível, dadas as suas características. Os símbolos são a forma enigmática de expressar os mitos, exprimindo-se diretamente em dois sentidos – no afetivo e no racional. Pode-se, assim, proporcionar condições para a síntese mística, uma vez que o místico, o mistério, encanta, fascina e também coloca questões de uma pontual racionalidade.

Os mitos apresentam a possibilidade de evolução individual, mas, também, de toda a espécie humana. A linguagem mítica, predominante no âmbito religioso, pretende despertar, incitar o ser humano para uma compreensão de seu funcionamento psíquico. Os textos religiosos falam da possibilidade da superação de um estado ordinário e cotidiano de humanidade para um estado superior e a realização da mensagem do texto na prática da vida do indivíduo, por sua vez, conduz à integração dos aspectos de sua psique, favorecendo o sentimento de totalidade e integração.

De acordo com Keen e Valley-Fox[76],

O mito organizador de qualquer cultura funciona de maneira criativa ou destrutiva, saudável ou patológica. Por proporcionar uma descrição do mundo e um conjunto de histórias que explicam por que as coisas são como são, ele estabelece consenso, sanciona a estrutura social e dá ao indivíduo um mapa autorizado do percurso da vida. Um mito cria o traçado que organiza as diversas experiências de uma pessoa ou comunidade numa história singular. (p.15)

Valendo-se dos símbolos, o mito e o rito cumprem função psicológica importante. São motivo de diversas pesquisas os temas mitológicos que se repetem em diferentes culturas do mundo, alguns até guardando semelhanças significativas muito importantes. Um exemplo disso é a simbologia da cor vermelha nas diferentes comunidades, sua relação direta ao sangue e ao sacrifício, presente em rituais religiosos do mundo todo, e no qual podem se estabelecer relações de significado bastante próximas.

As manifestações místico-religiosas quase sempre seguem rituais, a fim de cumprir objetivos importantes na vida pessoal e comunitária dos seus membros. Como afirma Campbell, citado por Keen e Valley-Fox[76], "A função primordial da mitologia e do rito tem sido sempre a de prover os símbolos que impulsionam o espírito humano para a frente, em contrapartida àquelas outras constantes fantasias humanas que tendem a refreá-lo" (p. 16).

Não apenas a linguagem, mas também as diferentes imagens, estátuas, objetos, vestimentas, posições, entre outras possibilidades, são muitas vezes expressões simbólicas importantes nas diferentes culturas religiosas. Só após o estabelecimento de contato com essa linguagem e sendo "atingido" por ela, intelectual e emocionalmente, é que o sujeito poderá lhe buscar significações. Os símbolos se comunicam com as pessoas e cada uma reage a eles de acordo com seu próprio entendimento, organizado por meio de experiências e leituras diversas que se fez da realidade vivida e, portanto, não apenas racionalizada, mas profundamente sentida, na trajetória histórica pessoal de cada indivíduo.

O Ensino Religioso, em sua busca de decodificação dos fenômenos religiosos, depara-se com uma infinidade de possibilidades de leituras e compreensões, tendo por base o estudo da simbologia.

As tradições religiosas são mantidas por força de seus símbolos, pois eles comunicam aos fiéis a compreensão sensível da religião e os impelem à ação. Pode-se perceber a importância fundamental que o conteúdo simbólico apresenta para o estudo da fenomenologia religiosa presente no mundo.

Na Grécia antiga, o símbolo era utilizado para o reconhecimento de amigos, após tempos de separação. Quando os amigos se separavam, rompiam uma moeda em dois pedaços, ou, ainda, um prato de cerâmica ou um anel, para se lembrarem um do outro. Mais tarde, eles poderiam se reencontrar e se reconhecer ao juntarem as metades ou, ainda, seus filhos poderiam realizar esse encontro. O símbolo de amizade garantiria hospitalidade e acolhimento. Ao menos para a história ocidental, esse é um dado importante que marca o surgimento do símbolo.

A palavra *símbolo*, nesse caso específico, significa "juntar", "reunir". O símbolo é algo que reúne e que manifesta um sentido, ou sentidos, não perceptíveis de outro modo. Há algo invisível que se faz representar por meio do símbolo.

Kast[75] afirma que:

A etimologia do conceito mostra o símbolo como algo composto. Apenas quando combinado é um símbolo, tornando-se um símbolo de alguma coisa [...] é um sinal visível de uma realidade invisível, ideal. Portanto, no símbolo observam-se dois níveis: em algo externo pode-se revelar algo interno, em algo visível, em algo corporal o espiritual, no particular o geral. Na interpretação procuramos a realidade invisível por trás de algo invisível e sua conexão. Nesse processo, o símbolo caracteriza um excedente de significado, nunca podemos esgotar inteiramente seus significados. (p. 19)

Portanto, os símbolos religiosos nunca são completamente explicitados, há sempre algo a ser desvendado, uma mensagem oculta, característica que mantém os símbolos sempre atuantes e vivos, verdadeiros mobilizadores de energias psíquicas no ser humano.

A humanidade se serviu de representações, sejam elas como sinais, apenas, ou como símbolos, desde a mais remota antiguidade. O psicanalista Jung[72] se debruçou sobre o estudo dos símbolos, inclusive dos símbolos religiosos. Na pesquisa do funcionamento da psique humana, ele percebeu que as manifestações do inconsciente, que poderiam se expressar por intermédio dos símbolos, traziam uma quantidade considerável de energia psíquica em forma condensada. Na busca da interpretação desses símbolos, o indivíduo poderia traçar um percurso de maior compreensão de si mesmo, de maior conscientização.

Porém, mesmo em sua interpretação, o símbolo permanece sempre um enigma. Em suas múltiplas possibilidades interpretativas, ele não se fecha para um único sentido; ao contrário, abre-se a um diálogo entre significado e significante, o que sempre inclui o intérprete. No símbolo está presente algo particular que aponta para algo maior, geral, como sendo uma revelação do impenetrável.

Segundo Jung[72], "Uma palavra ou uma imagem é simbólica quando implica alguma coisa além do seu significado manifesto e imediato. Esta palavra ou esta imagem têm um aspecto 'inconsciente' mais amplo, que nunca é precisamente definido ou de todo explicado" (p. 21).

Desde os tempos pré-históricos, as imagens se fazem presentes, com pinturas rupestres de éguas grávidas, mulheres dando à luz etc. Os petrogramas, se desenhados ou pintados, e os petroglifos, se gravados ou entalhados, representam formas com as quais o homem que viveu no Período Paleolítico se expressou, sendo definidos como imagens, por serem esquematizações visuais de pessoas e objetos do mundo real. No simbólico paleolítico, podemos encontrar pistas de uma simbologia do sagrado feminino, o princípio da criação e, portanto, do divino, que se expressava simbolicamente nos aspectos femininos. Imagens de mulheres e estatuetas pequenas de deusas enfocavam ventres e seios volumosos, possivelmente na valorização dos aspectos do poder da criação presentes e simbolizados na forma desses corpos. "A imagem sempre constitui uma mensagem para o outro, mesmo quando esse outro somos nós mesmos", diz Joly[70] (p. 55).

Na Antiguidade grega, vários elementos poderiam ser denominados de *símbolo*, como os contratos jurídicos, senhas nas guerras e nos mistérios, ou mesmo o voo de um pássaro lido como uma previsão futurística. Bispo Cipriano de Cartago, em meados do século III, foi quem pela primeira vez utilizou o termo *símbolo* com um sentido de confissão de fé (*symbolum*). Os estoicos viam no símbolo algo que portava verdades filosóficas ou teológicas[84].

Segundo Lurker[84], o princípio do estudo dos símbolos tem sua marca histórica com Athanasius Kirche (1602-1680). Esse professor de matemática e línguas orientais, em Würzburg e em Roma, foi o primeiro a falar de uma disciplina simbólica. Christian Gottlob Heyne, em 1764, foi um filólogo que ousou apresentar, na academia de Göttingen, uma proposta de interpretação de mitos, em que ele afirmava que os homens, não estando aptos ao uso da linguagem conceitual, acabavam por expressar sua visão de mundo por meio de imagens.

Mais tarde, no período que compreendeu o romantismo, afirma Lurker[84], Friedrich Creuzer teve o desejo de instituir uma cadeira para o estudo dos símbolos, mas esse projeto não se concretizou. Algumas de suas falhas cronológicas e filológicas fortaleceram os seus oponentes e ele acabou sendo ridicularizado, também por conta da influência marcante das correntes positivistas e racionalistas que no século XIX ganhavam destaque. Bachofen também pôde sentir essa resistência, sendo ele um pesquisador da Antiguidade que elaborou um estudo sobre o simbolismo dos túmulos, sendo considerado excêntrico e julgado como alguém que estava enganado. Bachofen foi melhor compreendido por etnólogos, que contribuíram consideravelmente para o estudo das ideias simbólicas. O romantismo também fomentou, na França, um interesse considerável sobre o estudo dos símbolos.

Sigmund Freud (citado por Piaget[99]) deslocou o estudo da simbologia para o campo da psicologia, no qual buscou encontrar um conteúdo dessa natureza na psique humana. Ele trouxe o conceito de símbolo inconsciente, isto é, de significação oculta para o próprio sujeito:

Um símbolo nunca é simples e há sempre "polissimbolismo", ele pode ser visto como multifacetado, isto é, permitindo várias significações, conflitos. Os símbolos mais elementares são o produto de uma "condensação" de imagens, a qual pode ser independente da censura e devido a simples fatores de economia do pensamento, mas há, além disso, "deslocamento" do acento afetivo de uma imagem para outra e esse desenvolvimento resulta da censura. O simbolismo procede por identificações, projeções, oposições, duplos sentidos, etc., e se encontra no antípoda da lógica, pois não obedece mais que ao "Lustprinzip" e tem por função enganar a consciência. (p. 236)

Nesse sentido, todo símbolo é ou pode ser, ao mesmo tempo, primário e secundário, o que quer dizer que ele pode comportar uma significação mais superficial e imediata, que é facilmente compreendida pelo sujeito ou, ainda, uma significação mais profunda, a princípio oculta para este.

Conforme Jacobi[67], Jung amplia a ideia freudiana de inconsciente pessoal para a ideia de inconsciente coletivo – coletivo no sentido geral e não social. O inconsciente pessoal é composto por lembranças que diferem entre os indivíduos, mas Jung localiza uma consciência comum ao conjunto de indivíduos, sendo ela marcada pelas tendências ancestrais e inatas, e é nesse inconsciente que se formam os arquétipos.

O pensamento simbólico surge como a tomada de consciência primitiva dessas realidades interiores. Além da presença do simbolismo individual, particular e superficial, existiria, então, um simbolismo coletivo, comum à espécie humana. Para Jung[72], os símbolos apontam para direções diferentes das direções percebidas pela mente consciente, relacionam-se com coisas inconscientes ou então parcialmente conscientes. A forma científica lógica não possui os instrumentos completos para a leitura simbólica, a imaginação e a intuição são indispensáveis para o processo de entendimento dessa dimensão.

Ainda de acordo com Jung[72],

A *história do simbolismo mostra que tudo pode assumir uma signifi-cação simbólica: objetos naturais (pedra, plantas, animais, homens, vales e montanhas, lua e sol, vento, água e fogo) ou fabricados pelo homem (casa, barcos ou carros) ou mesmo formas abstratas (os números, o triângulo, o quadrado, o círculo). De fato, todo o cosmos é um símbolo em potencial.* (p. 232)

O vocábulo *símbolo* tem uma dupla acepção – um sentido psicológico profundo, estudado e abordado no campo da psicanálise, e um sentido funcional, que é dado pela linguística, para a qual as palavras, elementos convencionais de significação, são símbolos. Costa[34] explica que "O símbolo por definição é um elemento material que está em lugar de outra coisa ausente com a qual não existe relação casual e a qual representa por convenção" (p. 91). Assim, para a linguística, o símbolo corresponde aos signos que mantêm relação de convenção com seu referente. Exemplos: a bandeira remetendo ao país, a pomba se referindo à paz etc.

Os símbolos condensam muitos pensamentos antes isolados; eles fazem uma síntese que, como vimos, não se poderia atingir de outro modo, pois são flexíveis, ambíguos, repletos de modulações possíveis e invariavelmente ricos em significados.

Eliade[43] diz que o símbolo pertence à substância da vida espiritual e que jamais poderemos eliminá-los. Os aspectos mais profundos da realidade são revelados pelo símbolo, o que significa que o pensamento simbólico precede a linguagem e a razão discursiva.

Nesse ponto, podemos perceber que a criança pequena está inicialmente mais acostumada ao mundo simbólico, ainda não regido pelas construções formais da linguagem e que, aos poucos, vai sendo apresentada a formas fixas de interpretação e de percepção. Ao retomarmos o estudo da simbologia no Ensino Religioso, de certo modo resgatamos as formas menos condicionadas pelo formalismo acadêmico de relacionamento com o mundo manifesto simbolicamente. Porém, esse resgate, uma vez feito, não se encontra solto na psique como antes, na forma infantil; ele se encontra agora sintetizado cognitivamente por meio dos instrumentos formais que a criança já domina.

Na união dos aspectos sensíveis com os aspectos intelectuais, ambos sempre em desenvolvimento no ser humano, o indivíduo estabelece relações importantes com os símbolos. Primeiramente, são estímulos carregados de sentidos que lhes chegam do exterior, captados pelo seu aparato perceptivo, mas que, uma vez estabelecidas as conexões e iniciada uma relação particular com eles, acaba por incitar um movimento que parte do interior e que se manifesta, novamente de modo simbólico, para o exterior. Como afirma Eliade[43], "As imagens, os símbolos e os mitos não são criações irresponsáveis da psique, elas respondem a uma necessidade e preenchem uma função: revelar as mais secretas modalidades do ser" (p. 8-9).

O homem é um criador de símbolos; ele modela imagens e lhes confere importância emocional. A simbologia religiosa é um claro exemplo disso. Para Hark[65], essa capacidade humana de criar símbolos tem uma função importante: a de contribuir no processo de individuação (ser não-dividido), ou seja, no seu processo de autorrealização do sujeito. A esse respeito, Jung[72] diz:

> *Entendemos então que o processo de auto-realização do ser individido encontra impulso na dinâmica dos símbolos. Estes conferem unidade*

àquilo que aparentemente encontra-se separado, como é o caso do sol e dos índios pueblos.

O papel dos símbolos religiosos é dar significação à vida do homem.

Os índios pueblos acreditam que são os filhos do pai Sol, e esta crença dá a suas vidas uma perspectiva (e um objetivo) que ultrapassa a sua limitada existência: abre-lhes espaço para um maior desdobramento de suas personalidades e permite-lhes uma vida plena como seres humanos. (p. 89)

Na visão mítico-simbólica de mundo, a ligação entre os objetos simbólicos e a magia se realiza. Muitas vezes, o símbolo é visto como realidade imediata, como, por exemplo: o sol pode ser não apenas a representação da luz divina, mas sim a própria divindade. No campo religioso, é muito difícil precisar o limite exato entre as concepções místicas e mágicas, que tornam os símbolos objetos de poder, e o pensamento simbólico, que torna o seu significado um conceito importante para o psiquismo. Pode-se, aqui, como forma de exemplificar, referir-se aos diferentes amuletos de proteção, que, na maioria das vezes, são portadores não apenas de significação conceitual simbólica, mas carregam a ideia, para alguns, de que estariam revestidos de poderes mágicos que viriam a proteger seu usuário ou, ainda, a desempenhar inúmeras outras funções como forças externas ao sujeito.

Mitford[88] afirma que a significação dos símbolos vai se desenvolvendo ao longo dos períodos e que esta sofre influências do contexto cultural, tornando-se gradativamente mais complexa. Porém, as temáticas que os originam permanecem as mesmas desde os primórdios da humanidade, as quais, segundo a autora, são estas: a fertilidade da mulher e do solo, o nascimento, a vida e a morte.

Ao tratarmos dessa questão aplicada ao Ensino Religioso escolar, depara-se com as perguntas fundamentais oriundas do pensamento filosófico: "Quem sou eu?"; "Para onde vou?"; "De onde vim?". As diferentes tradições religiosas se preocuparam em traçar respostas para cada uma delas, o que, de modo simbólico, foi feito ao se anunciar o homem como filho de Deus(es) ou da(s) Deusa(s), como um ser em evolução, como filho do sol, da lua, ou, ainda, por meio de tantas outras respostas. As questões "Para onde vou?" e "De onde eu vim?" são debatidas e respondidas nos textos sagrados, representados nas pinturas, nas esculturas, nos poemas e em diferentes formas de representação do mistério que, por força da fé, se dá a conhecer. O corpo que, após a morte, é enterrado e que, simbolicamente, está dentro do ventre da Terra, como uma semente se preparando para brotar, ou o corpo que é queimado, expressando que a alma não está presa à matéria, são atos ritualísticos, simbólicos, que comunicam ideias religiosas e que, de forma imediata, relacionam-se com o modo de resposta a essas questões vitais, construídas ao longo do tempo pelas diferentes culturas religiosas.

O tratamento e as formas de relacionamento que se estabelecem entre os indivíduos e os símbolos podem ser diversos. O símbolo pode servir como um poderoso auxiliar na integração de instâncias psíquicas do ser em si mesmo ou essas relações entre pessoas e símbolos podem se entendidas fora do campo da metáfora e se concretizar de modo que os símbolos, por si só, sejam portadores de poderes mágicos. Como no caso do pentagrama, que, se invertido, creem alguns, atrairia energias maléficas e espíritos negativos. No primeiro caso, quando o símbolo é metáfora, ele se dirige à integração do ser humano com as suas possibilidade interiores, psicológicas, como, por exemplo, o pentagrama na representação do homem aberto ao infinito, como uma estrela, e, no segundo caso, quando o símbolo por si só torna-se mágico, fonte de energia concreta. A força de um objeto simbólico o torna objeto de poder, como, por exemplo, a presença da arruda para afastar o mau-olhado. Nas histórias sagradas, nos mitos, os símbolos surgem muitas vezes para representar e, ao mesmo tempo, ser o Divino. Por meio do símbolo, ocorrem transformações; portanto, ele é um agente de mudança, ao mesmo tempo em que se mostra apenas como representação de um poder ainda maior.

A abordagem de interpretação simbólica junguiana também aponta para múltiplas possibilidades, não há uma única interpretação; se houvesse, o símbolo deixaria de ser símbolo para vir a se tornar sinal. Segundo a concepção junguiana, o símbolo como algo vivo é multifacetado, não há uma verdade interpretativa, mas, sim, múltiplas possibilidades. É característica da interpretação simbólica o coexistir de elementos contraditórios.

Para o professor, fica clara a necessidade de fomentar o desenvolvimento de conhecimentos e sensibilidades que lhe propiciem a pesquisa das manifestações religiosas, tendo por base que toda a manifestação se coloca em linguagem simbólica e, portanto, necessita do estabelecimento de um diálogo íntimo entre aquele que busca conhecer e o conhecimento em si. É preciso uma aproximação sistemática e científica com os códigos interpretativos das diferentes culturas, bem como com os elementos afetivos e emocionais do ser humano, que se fundem ao cognitivo no encontro com o mítico-simbólico.

Estamos imersos em um mundo plural, onde seres de diferentes espécies e pessoas de diversas crenças convivem partilhando o planeta, em suas construções humanas e em sua formação natural, ecossistêmica. Ações políticas, religiosas e educativas, entre outras, apresentam-se como forma pungente de questionamento do mundo contemporâneo. O percurso da construção do conhecimento integra diferentes linguagens e possibilidades interpretativas. Ser professor de Ensino Religioso, em um mundo de diversidade de crenças, é tarefa que implica pesquisa e compreensão do fenômeno religioso, que se mostra, ao mesmo tempo em que se oculta, nas diferentes imagens míticas e simbólicas que apresenta.

SÍNTESE

OS MITOS AUXILIAM A HUMANIDADE a transpor os momentos de crise e de instabilidade causados por mudanças inevitáveis, como o passar da infância para a fase adulta, para a velhice e, por fim, para a morte. Os mitos auxiliam porque trazem significações e confortam as pessoas, antevendo destinos.

Vemos nascer nesse imbricado universo de mitos e símbolos os rituais religiosos; não se pode dissociar os rituais dos mitos e, consequentemente, dos símbolos. Ao tratar do assunto, o professor encontrará no rito a forma, a atitude e o gesto que o mito inspira. Tanto o mito quanto o rito se utilizarão da linguagem dos símbolos para se tornarem visíveis, táteis, audíveis e olfativos.

Explicando melhor, os rituais e os mitos encontram os símbolos nos gestos que o corpo assume; nos objetos que representam o Transcendente e provocam o Imanente; nos sons dos cantos, dos mantras e dos sons curadores; nos cheiros dos incensos e alimentos sagrados, em praticamente toda a forma de comunicação. Esse é o ponto que favorece a chamada *experiência mística*, na qual o humano e o Divino se encontram.

INDICAÇÕES CULTURAIS

A FLAUTA mágica. Autor: Mozart. Direção: Ingmar Bergman. Produção: Mans Reuterswärd. Suécia: Versátil Home Video, 1975. 135 min.

A ópera A flauta mágica, *de Mozart, aborda a temática amorosa e enfoca valores como a verdade, a justiça e a fidelidade, apresentando o amor em seu aspecto espiritual. Na época, tanto Mozart, o músico,* como Emanuel Schikaneder, famoso libretista vienense, interessavam-se pela maçonaria. A ópera está carregada desse universo simbólico, pela demonstração de vários elementos: o número três, que aparece na figura das três damas da rainha da noite, dos três meninos que acompanham os personagens em sua missão e nas três portas do templo, a saber: razão, sabedoria e natureza etc. Essa ópera apresenta diversos rituais iniciáticos, bem como a profusão de elementos simbólicos. O DVD em questão é uma filmagem fiel da Ópera, feita pelo cineasta Ingmar Bergman, em 1975.

Recomenda-se, para um maior aprofundamento da ópera, a leitura do texto Para entender melhor a flauta mágica, de Fabrício Carvalho, maestro e coordenador de Cultura da UFMT. Disponível em: <http://www.ufmt.br/servicos/evento/coordenação_cultura/word/Para_entender_melhor_a_Flauta_Magica_220806.doc>.

ATIVIDADES DE AUTOAVALIAÇÃO

1 Marque a alternativa correta.

A) Os mitos são as histórias sagradas; seu texto é construído a fim de tornar dizível o indizível.

B) Os mitos utilizam metáforas eventualmente.

C) Os mitos tocam o ser humano em sua superficialidade, pois são os ritos que realmente provocam emoções.

D) O mito é uma história completamente irreal, falsa, que pretende distrair a mente dos ouvintes.

2 Marque com (V) para verdadeiro e (F) para falso as seguintes alternativas:

Acerca do estudo dos mitos no Ensino Religioso, podemos afirmar que:

( ) são de fundamental importância para a compreensão do fenômeno religioso, no que tange às diferentes manifestações do sagrado.

( ) são muito importantes e eficazes para mostrar aos alunos as grandes incoerências do pensamento religioso.

( ) contêm valiosos ensinamentos que são passados de geração para geração.

( ) reforçam ainda mais a perspectiva da hegemonia cristã.

Agora, assinale a alternativa que apresenta a sequência correta:

A) V, F, V, F
B) F, V, F, V
C) V, F, V, V
D) F, F, V, F

3 Assinale a alternativa correta.

Acerca do estudo dos símbolos no Ensino Religioso, podemos afirmar que:

A) eles devem ser tratados sempre como sinais.

B) eles apontam para uma única perspectiva, um único significado.

C) é preciso diferenciá-los dos sinais – estes últimos tem um significado fixo, ao passo que os símbolos favorecem múltiplas interpretações.

D) eles compreendem uma pequena parcela do vasto mundo religioso.

4 Assinale a alternativa correta sobre os mitos e os símbolos:
A) São instâncias que não se relacionam entre si.
B) Os mitos tratam das verdades de fé e os símbolos são apenas ilustrações.
C) A interpretação dos mitos e símbolos apontam para múltiplas possibilidades.
D) Se o mito e o símbolo não portam significados, estabelecem relações e não definições.

5 Assinale a alternativa correta.
Cabe ao professor de Ensino Religioso:
A) reconhecer que o texto sagrado não apresenta mitos, e, sim, verdades.
B) considerar e valorizar mais os mitos do que os símbolos de todas as tradições religiosas.
C) dar maior espaço para a interpretação dos símbolos cristãos, uma vez que a maioria de seus alunos segue essa abordagem religiosa.
D) respeitar o conhecimento religioso expresso nos mitos e ritos, considerando-os pela perspectiva de suas múltiplas interpretações.

Atividades de Aprendizagem

Questões para reflexão

Leia o texto a seguir.

> *O professor de Ensino Religioso possuidor de seu próprio universo simbólico, no que se refere ao campo da cultura religiosa na qual se desenvolveu, vê-se constantemente provocado a construir novas pontes, estabelecer novas relações entre seus saberes e os saberes impostos pela concepção de Ensino Religioso vigente.*
>
> *O professor, como ser humano, é essencialmente um ser simbólico e se relaciona com os outros e com o mundo intermediado pela linguagem dos símbolos. No entanto, ao tratar dos conteúdos relacionados às diferentes tradições religiosas, necessita deixar de lado os conceitos simbólicos que aprendeu, a fim de abrir caminho para novas interpretações.*
>
> *Em outras palavras: o professor de Ensino Religioso precisa se manter atento para que os conhecimentos que ele já adquiriu não venham a impossibilitar novas aprendizagens. E se, em sua matriz religiosa, ele aprendeu que o vermelho é símbolo do mal, em outra cultura religiosa ele talvez descubra que o vermelho é símbolo da vida. É preciso compreender que cada símbolo porta significados diferentes, dependendo da matriz cultural que o originou.*

1 Para aprofundar seus conhecimentos, trace um mapa de símbolos e significados importantes em sua vida, símbolos que podem ser ou não religiosos e, então, localize a origem dessas significações em seu contexto de vida e cultura.

2 Compartilhe com seus colegas esse material, promovendo uma discussão sobre a importância desses símbolos em suas vidas.

ATIVIDADE APLICADA: PRÁTICA

Sugestão de atividade para ser trabalhada em sala de aula, com os alunos:

TEMA: A estreita relação entre mito e símbolo.

Objetivo: compreender a relação entre os símbolos e os mitos.

Atividade: apresentar para os alunos o filme intitulado *A vila*, no intuito de refletir sobre as histórias criadas pelas pessoas para defender ideologias, para modelar comportamentos, entre outros objetivos.

A Vila é um filme de suspense, dirigido por M. Night Shayamalam. A história acontece na zona rural da Pensilvânia, em 1987, e descreve a vida de cerca de 60 pessoas que moram rodeadas por uma floresta, a qual acreditam ser moradia de criaturas místicas. O comportamento dos moradores segue diversas restrições, como, por exemplo, a proibição por parte dos moradores de entrarem na floresta, não o impedimento do contato com outras pessoas de fora da comunidade. Ninguém pode entrar ou sair do vilarejo.

> A VILA. Direção: M. Night Shyamalan. Produção: Sam Mercer, Scott Rudin e M. Night Shyamalan. EUA: Buena Vista Pictures, 2004. 120 min.
>
> Interpretações livres da autora:
>
> *A Vila trata de questões profundas do comportamento humano, simbolizadas por imagens em uma história que narra o drama de pessoas que constroem um mundo particular e protegido, com a intenção de fugir do mundo moderno e da violência. No entanto, surgem problemas – o povo se vê novamente envolvido com a criminalidade e o mal e, dessa vez, eles não vêm de fora, mas brotam de dentro, do interior de um mundo construído como abrigo, como espaço oculto e secreto.*

> Porém a cura vem de fora, do mundo do qual fugiram.
> É por intermédio de uma moça cega que a saga de heroísmo se constrói. Nesse caso, a cegueira pode muito bem simbolizar a capacidade de um olhar diferente, para além das aparências. As outras pessoas que não eram cegas tinham o olhar dirigido para as aparências, para as ilusões, estavam entorpecidas pelo medo e não faziam uso de uma outra forma de ver o mundo e de ditar comportamentos, a não ser aqueles articulados em função do medo e da fantasia.

Após o término do filme, o professor pode pedir aos alunos que identifiquem os mitos e os símbolos que foram apresentados no decorrer do filme. Por fim, devem realizar uma pesquisa sobre mitos e símbolos religiosos.

Avaliação: verificar a compreensão do aluno sobre o que são os mitos e o que são os símbolos, verificando como estes se relacionam entre si.

CINCO

Prática pedagógica derivada do estudo da diversidade

O Ensino Religioso se alicerça na realidade brasileira que traduz a diversidade na maneira de vestir, de ser, de acreditar, de se alimentar, na cor da pele, nos diferentes sotaques, nas formas culturais de manifestar e preservar as diferenças dos grupos que formam a totalidade da nação. Com base nesse pluralismo, o presente capítulo aborda essa diversidade e também a seleção de conteúdos e os perigos da eleição destes conforme fatores hegemônicos, dominantes e influentes na sociedade. Dialogar é, mais uma vez, condição básica para se transitar nas territorialidades do diferente, o que promove a educação e o conhecimento das matrizes religiosas, favorecendo o entendimento dos comportamentos variados adotados pelas diferentes etnicidades religiosas.

O reconhecimento da diversidade cultural-religiosa presente no Brasil e no mundo é fator de fundamental importância para o entendimento da LDBEN, Lei nº 9.394/1996[*], especificamente em relação ao art. 33, alterado em sua redação pela Lei nº 9.475/1997[†], que orienta o Ensino Religioso. O mundo não é constituído de sujeitos iguais, mas, sim, de uma ampla gama de variações, que vão desde o meio em que habitam até as diferenças de hábitos e ideologias. Salientam-se, nesse particular, as diferenças religiosas.

---

[*] Para ler, na íntegra, a Lei de Diretrizes e Bases da Educação Nacional nº 9.394, de 20 de dezembro de 1996, acesse: <http://www.planalto.gov.br/ccivil_03/LEIS/l9394.htm>.

[†] Para ler a Lei nº 9.475, de 22 de julho de 1997, que dá nova redação ao art. 33 da Lei nº 9.394/1996, acesse: <http://www.planalto.gov.br/Ccivil_03/Leis/L9475.htm>.

Quando o Ensino Religioso se pautava em fundamentos especificamente cristãos, contemplando o enfoque centrado em uma única verdade, a disciplina respondia a uma forma de ler o mundo, que, na formação do Brasil, fundamentou-se no catolicismo romano. Havia, nesse momento, a tentativa de se eliminar as diferenças. Tentativa esta que, evidentemente, não teve sucesso. Mais do que nunca, a diferença se estende frente aos nossos olhos – são brancos, negros, mulatos, mestiços, amarelos, vermelhos, acobreados, enfim, peles matizadas que revelam também as diferentes tonalidades de crenças religiosas existentes no país – são budistas, católicos, dervixes, espíritas, muçulmanos, taoistas etc. Toda essa riqueza de pensamento, de crença, de forma física, de sotaques, de hábitos, de culinária e de padrões de conduta constituem o que nós chamamos de *a diversidade do povo brasileiro*.

Essa diversidade é agora confirmada e contemplada pelo Ensino Religioso, conforme a LDBEN nº 9.394/1996, art. 33, alterada, em sua redação, pela Lei nº 9.475/1997:

Art. 33. O ensino religioso, de matrícula facultativa, é parte integrante da formação básica do cidadão e constitui disciplina dos horários normais das escolas públicas de ensino fundamental, assegurado o respeito à diversidade cultural religiosa do Brasil, vedadas quaisquer formas de proselitismo.

A diversidade aponta para o reconhecimento do multiculturalismo na formação e vivência cotidiana do povo brasileiro. Portanto, esse tema é de fundamental importância no trato para com o fenômeno religioso, no que tange às diferentes manifestações do sagrado.

A diversidade implica também lançar um olhar para os grupos excluídos, os grupos minoritários, entre eles os grupos de defesa e direito da mulher, do idoso, dos homossexuais, dos marginalizados socialmente, dos portadores de diferenças orgânicas, dos local e globalmente perseguidos por conta de suas crenças religiosas ou ideologias particulares. As demandas sociais exigem esse alargamento do olhar e, mais do que isso, exigem a inclusão, o respeito às diferenças e particularidades de cada grupo ou indivíduo, bem como o estabelecimento de medidas inclusivas. Cardoso e Ceccato[25] dizem que

Eles reivindicam uma política de reconhecimento tanto das suas diferenças, suas múltiplas identidades, como de suas desvantagens, as desigualdades sociais, oriundas da discriminação social de gênero, de raça, de opção sexual e origem regional. Para atender a estas demandas, diferentes instituições nos diversos níveis de poder da República vêm procurando desenvolver ações conhecidas por multiculturalismo. (p. 29)

Também o sistema escolar, que é formado por indivíduos, tende a ser preconceituoso e discriminatório, enquanto as pessoas em seus diferentes sistemas o forem. A qualidade da educação pode e deve avançar como um todo, na clarificação das didáticas de ensino, na formação ética do cidadão e também na escolha dos conteúdos, que ainda se caracteriza uma problemática de relevância na organização curricular.

O Ensino Religioso precisa cuidar para que os conteúdos escolhidos não legitimem a vigência de uma cultura hegemônica, patriarcal e carregada de preconceitos. De acordo com Santomé[104],

Um currículo antidiscriminação tem de propiciar a reconstrução da história e da cultura dos grupos e povos silenciados. Para isso é preciso envolver os estudantes em debates sobre a construção do conhecimento, sobre as interpretações conflituosas do presente, para que se sintam

obrigados a identificar suas próprias posições, interesses, ideologias e pressuposições. O fato de compreender como é elaborado, difundido e legitimado o conhecimento, de que maneira influenciam na seleção, construção e reconstrução do conhecimento, as perspectivas, experiências pessoais, suposições, preconceitos, referenciais e posições de poder, facilita o trabalho de revisão do conhecimento que circula em cada contexto. (p. 151)

Portanto, elencar conteúdos exige profundas reflexões acerca da cultura escolar e também da macrocultura que formula tendências e aponta aptidões desejadas. Escolher uma gama de conteúdos, em detrimento de outros, exige uma postura crítica e um conhecimento não só dos conteúdos escolhidos, mas de todo um contexto social e histórico. A fim de não legitimar certos padrões discriminatórios que levam a comportamentos preconceituosos de exclusão, sugere-se que os conteúdos de Ensino Religioso contemplem a diversidade de maneira a valorizar o que esta apresenta ao mundo em termos de construção coletiva de culturas de paz.

Existem muitas vozes ausentes na seleção da cultura escolar, entre elas: as culturas infanto-juvenis, as etnias minoritárias ou sem poder, o mundo feminino, a sexualidade homossexual, a classe trabalhadora e o mundo dos pobres, o mundo rural e ribeirinho, as pessoas portadoras de doenças ou deficiências físicas e/ou psíquicas, os homens e mulheres da terceira idade, as vozes do chamado *terceiro mundo* etc.

Santomé[104] se refere ao adultocentrismo de nossa cultura:

Meninas e meninos desconhecem por que o são, qual é o significado desta etapa de desenvolvimento, quais são seus direitos e deveres. Todo seu mundo de relações, gostos, interesses, brincadeiras e brinquedos praticamente não é objeto de atenção, reflexão e crítica no âmbito das instituições acadêmicas. Apesar de se dizer, às vezes insistentemente, que a brincadeira é a principal atividade durante a etapa infantil, como atividade escolar, poucas vezes são oferecidas possibilidades de refletir e analisar as razões de cada brincadeira infantil, das peculiaridades e significados dos brinquedos, etc. (p. 134)

A atitude que desconsidera o mundo infantil ou que o idealiza como um universo delicioso, como se a infância fosse um paraíso, e os seus sujeitos ingênuos e desprovidos de maiores preocupações, acaba por "silenciar as infâncias".

As etnias minoritárias ou sem poder, para Santomé[104], devem ser vistas, ouvidas e precisam se tornar participativas:

O racismo aflora de numerosas formas no sistema educacional, de maneira consciente e oculta. Assim, por exemplo, podem ser detectadas manifestações de racismo nos livros-textos de ciências sociais, história, geografia, literatura, etc., especialmente por meio dos silêncios com relação a direitos e características de comunidades, etnias e povos minoritários e sem poder. As comunidades ciganas, numerosas nações da África, Ásia e Oceania, a maioria das etnias sul-americanas e centro-americanas, etc., não existem para os leitores deste tipo de materiais curriculares. (p. 137)

Para o Ensino Religioso no Brasil, esses dados são fundamentais, pois, até 1997, não se estabelecia, em nenhuma lei, a inclusão das diferentes religiões e dos movimentos místicos e filosóficos.

Conforme Schlögl[106], Figueiredo (1996) diz que, no período do Brasil-Colônia, em que o padroado era o sistema legal que concedia à monarquia direitos e prerrogativas sobre a Igreja e sua administração, a formação religiosa do povo estava sob a incumbência do monarca. Esse regime foi outorgado em meados do século XV e perdurou até 1890, quando o decreto 119 "A" o extinguiu.

Segundo Junqueira[73], desde o início do ensino no Brasil, o Ensino Religioso se encontrava sob encargo dos seminários e colégios católicos, isto é, sob o comando religioso, apesar de haverem sido instaladas escolas públicas, em número muito restrito, e Escolas Imperiais. Até a década de 30 do século XX, a primazia da educação estava com o poder religioso católico apostólico romano. Outras religiões não tiveram espaço; acreditava-se em um estado forte, cuja fé hegemônica seria grande aliada do crescimento do país. Mesmo outras ramificações do cristianismo não eram bem-vindas. Como afirma Junqueira[73],

Ao longo dos primeiros séculos, o Brasil foi caracterizado como possuidor de uma sociedade uni-religiosa, tendo o catolicismo como religião oficial. Desta forma o "ser" católico não era uma opção pessoal, mas uma exigência da situação histórica; daí se percebe a polêmica na qual o Ensino Religioso se envolveu. (p. 10)

O Ensino Religioso foi se modificando, mas, na maioria das vezes, com uma identidade marcadamente cristã. A exclusão de manifestações de fé variadas no estudo dessa disciplina foi sempre decorrente de um discurso que identificou o Brasil a um país cristão, negando, dessa forma, a sua diversidade.

Ao se estabelecer para essa disciplina o fenômeno religioso (manifestações do sagrado) como objeto de estudo, pretende-se incluir as expressões religiosas dos povos indígenas, dos afro-brasileiros, dos orientais, dos movimentos místicos e filosóficos, entre outros.

É preciso que o professor trabalhe em si mesmo os aspectos discriminatórios herdados em sua própria construção de sujeito. Ao estudar as diferentes formas de cultuar o sagrado, o educador tem a oportunidade de romper com preconceitos antigos, pois o conhecimento fornece subsídios para compreender, e aquilo que se compreende, não se teme. De modo crítico, podemos pontuar que o mundo feminino ainda se apresenta silenciado ou bem pouco abordado no estudo das tradições religiosas. É preciso abordar o Transcendente, o que está para além e para fora, mas sem perder de foco o Imanente, aquilo que está dentro, em si. Santomé[104] afirma que

O sistema educacional tem de contribuir para situar a mulher no mundo, o que implica, entre outras coisas, redescobrir sua história, recuperar a voz perdida. Os alunos de nossas instituições escolares desconhecem por completo a história da mulher, a realidade das causas da sua opressão e silenciamento. Estudar e compreender os erros históricos é uma boa vacina para impedir que fenômenos de marginalização como estes continuem se reproduzindo. (p. 141)

Em se tratando da multiculturalidade enfocada no Ensino Religioso, Andrade[4] considera que a pluralidade religiosa existente no mundo deve ser considerada e que a experiência do pluralismo é um apelo à descoberta e à afirmação da própria identidade. "A existência de uma fé diferente não deve ser sinônimo de perigo eminente, muito pelo contrário, é algo que ajuda o próprio crescimento", diz (p. 158). E o autor[4] continua:

A abordagem proposta pelo diálogo inter-religioso é uma forma de unir diversos pontos de vistas de uma mesma realidade. A diversidade em

si é divina, pois acrescenta toda a cor para a vida. Há diversidade cultural, racial, lingüística e religiosa. Cada uma dessas diversidades é completa em si e por si no seu contexto. Mas, quando confrontada com a Totalidade, encontra-se como um fragmento. Justamente esse confronto possibilita a experiência do diálogo e, no caso do fragmento religioso, estabelece o diálogo inter-religioso. Qualquer diálogo, seja religioso, cultural ou individual, necessita de um movimento. No nível individual, sair de si para o outro, no nível cultural sair de uma cultura para a outra. (p. 166)

Viver em sociedade compreende o desafio de superar as relações assimétricas e de discursos hegemônicos que calam alguns em função do falar de outros. Dialogar com o diferente significa compreender que a realidade é diversa, múltipla, e que essa compreensão pode levar o indivíduo ao enriquecimento e ao amadurecimento de suas posturas e conceitos. "Entramos no diálogo para que possamos aprender, mudar e amadurecer e não para forçar a mudança no outro, como esperamos fazer nos debates. No diálogo, cada participante tem uma intenção de aprender a mudar a si mesmo"[4] (p. 169).

Para Andrade[4], um dos grandes obstáculos ao diálogo é o uso político da religião, quando o grupo que pertence à mesma religião é induzido a partilhar também o mesmo poder político e econômico. Outro obstáculo é o fundamentalismo, que faz com que certas culturas religiosas considerem a sua crença um valor eterno, único e absoluto, que jamais muda.

Discorrer sobre o multiculturalismo implica discorrer sobre o diálogo, que é um espaço, por excelência, do encontro entre os diversos, seja em questões voltadas à inclusão de classes marginalizadas nos processos políticos e pedagógicos, seja naquelas voltadas para a vivência cotidiana dos seres humanos, nas ruas, nos mercados, nas praças, nas casas etc. É questão de reflexão pedagógica o reconhecimento da diferença e o tratamento que busca uma igualdade de condições de vida, de acesso ao conhecimento e a outros fatores importantes. Como escreveu o índio Kaká Werá Jecupé[69]:

> Os olhos e as mentes intelectuais da humanidade começaram no século XX a reconhecer os povos nativos como culturas diferentes das civilizações oficiais e vislumbraram contribuições sociais e ambientais deixadas pelos guerreiros que tiveram o sonho como professores. Mas, a maior contribuição que os povos da floresta podem deixar ao homem branco é a prática do ser uno com a natureza interna de si. A Tradição do Sol, da Lua e da Grande Mãe ensinam que tudo se desdobra de uma fonte única, formando uma trama sagrada de relações e inter-relações, de modo que tudo se conecta a tudo. O pulsar de uma estrela na noite é o mesmo do coração. Homens, árvores, serras, rios e mares são um corpo, com ações interdependentes. Esse conceito só pode ser compreendido através do coração, ou seja, da natureza interna de cada um. Quando o humano das cidades petrificadas largarem as armas do intelecto, essa contribuição será compreendida. Nesse momento entraremos no Ciclo da Unicidade, e a Terra sem Males se manifestará no reino humano. (p. 61)

Na longa história das religiões do mundo, pouco se fez para promoção da paz e para o diálogo entre as diferentes religiões. Contudo, em alguns momentos especiais, surgiram homem e mulheres que se destacaram em diferentes religiões por terem visões diferentes, amplas e integrativas.

Esses homens e mulheres, como Gandhi, Martin Luther King, Madre Teresa de Calcutá, Chico Xavier, Dalai Lama, entre outros, romperam com as barreiras separatistas e vislumbraram o Sagrado para além das crenças particulares. Eles demonstram a possibilidade da abertura e da prontidão de vivenciar o respeito, o acolhimento e a comunhão com pessoas de diferentes religiões, que também sonham e lutam pela construção da paz.

Atualmente, em diversos países e também aqui no Brasil, foram criadas organizações não-governamentais e entidades inspiradas pelo ideal da paz, do diálogo inter-religioso e da fraternidade universal entre todos os povos. Um exemplo é a United Religions Initiative* (URI) ou Iniciativa das Religiões Unidas, fundada por William E. Swing, em 1996, com a finalidade de conjugar pessoas das mais diferentes religiões e tradições espirituais no compartilhamento de visão de mundo e construção da paz.

Tendo em vista a "recondução da vida humana na sua interação com o Universo"[94] (p. 23), o Ensino Religioso, por meio da proposição de conteúdos e temas derivados do eixo **manifestações do sagrado**, visa aprofundar a questão do entendimento de como os seres humanos vivenciam as relações de participação e coletividade no mundo, permeados por uma ética religiosa que proclama comportamentos que podem ser refletidos à luz da sustentabilidade. O Ensino Religioso propõe um diálogo permanente com os aspectos do viver compartilhado e na atividade democrática do processo pedagógico.

---

* Para conhecer o trabalho da United Religions Iniciative (URI), acesse o *site* da organização: <http://www.uri.org/>.

Boff[15] defende a ideia de uma ecologia social, o que propõe para a educação um novo desafio, que é o de participar ativamente na cocriação de um ser humano ético, responsável, partícipe no mundo em sua pluralidade de vida e formas, capaz, então, de valorizar toda espécie de vida existente no universo.

O termo *religião* aponta para a união, a religação da vida com a vida, portanto, as atitudes violentas para com a diversidade vão contra o próprio princípio formador da religião. Esta possui a característica básica de se ocupar com as relações do ser humano para consigo mesmo, para com o outro, com a natureza, com o universo e com o Transcendente/ Imanente. Nesse imbricado jogo de relações, o poder se manifesta como força destrutiva ou preservadora, conforme o momento histórico e a filosofia de cada religião. Há um gerenciamento direto exercido pelas religiões sobre o comportamento de seus seguidores, como, por exemplo: o controle de natalidade e da vida sexual dos seus adeptos, bem como os programas de minimização da fome e da violência.

Nesse cumprimento de metas, as religiões avançam e recuam, beneficiam e cerceiam, minimizam dores e as potencializam. Incitações a práticas desagregadoras e violentas muitas vezes se originam no interior das religiões. Mas, convém salientar que esses rasgos da própria espiritualidade, essas feridas na "pele" do sagrado, são produzidas e provocadas pela dissociação humana, pelas próprias forças destrutivas do humano, as quais se projetam como sombras para os outros e, então, desvairadamente, esses outros são vistos como o mal que deve ser combatido e, muitas vezes, são intitulados de *inimigos de Deus*. O mal que brota da interioridade de homens e mulheres e que, negado, é projetado ao mundo externo e colado em outra pessoa, torna "justificável" a perseguição, a morte e o descrédito religioso.

Porém, da mesma maneira existem diferentes tradições religiosas que criam e executam projetos visando a recuperação da sacralidade da vida, a valorização e o cuidado para com o outro, buscando criar condições saudáveis de existência para todos os seres que habitam o planeta. Atitudes cooperativas vão tomando o lugar da competição e da opressão.

Conforme Bowker[17], em todas as sociedades conhecidas, percebe-se que a religião desempenhou diferentes papéis, entre eles, o papel controlador e o criativo.

Cada tradição religiosa formula prescrições éticas, tendo em vista proporcionar o contato entre o humano e o Transcendente ou, então, permitir o reconhecimento do Imanente que há em si. Alguns desses preceitos se repetem em quase todas as tradições religiosas do mundo, como, por exemplo, "não matar", "não roubar", "não mentir", "prestar ajuda aos outros", "amar sem esperar recompensas", "promover a paz", entre outros. Apesar desses preceitos se repetirem, estes assumem características bem diversas conforme a cultura da qual procedem.

É por meio dessa vertente, ou seja, dos comportamentos éticos prescritos pelos mitos, veiculados em seus ritos e expressos na linguagem metafórica de seus símbolos, que as religiões se aproximam umas das outras. Isso torna possível a reflexão de que, mesmo nas diferenças religiosas, é possível uma convivência solidária, fraterna e pacífica.

A ideia da vida democrática consiste também no reconhecimento do direito à liberdade de crença, com o qual cada cidadão pode exercer livremente o seu culto religioso. A identidade de cada pessoa passa também pelos aspectos de afirmação ou de negação de crenças religiosas. A sociedade brasileira se caracteriza por uma grande diversidade de manifestações religiosas, espirituais, místicas e filosóficas. Isso favorece aos cidadãos desse território o exercício do diálogo e do respeito às diferenças, seja o indivíduo um ateu, agnóstico ou seguidor de religião particular ou institucionalizada.

A vivência democrática exclui comportamentos discriminatórios de qualquer tipo; no exercício da democracia, as relações se estabelecem com base no respeito a todas as condições que configuram a singularidade de cada indivíduo ou de um determinado grupo.

O tratamento didático dos conteúdos em Ensino Religioso prevê uma abordagem igualitária para com os conteúdos originados das diferentes tradições religiosas, espirituais, místicas e/ou filosóficas. O professor, fazendo uso da metodologia, trata a diversidade religiosa sem qualquer tipo de discriminação e não valoriza uma religião em detrimento de outras. Ao professor, cabe enfatizar a diversidade, evitando qualquer tipo de discriminação, julgamentos de valor com base em preconceitos, proselitismos ou mesmo utilizar a disciplina para difundir ideias religiosas. Não cabe à escola orientar religiosamente seus alunos para práticas espirituais ou, ainda, afirmar ou negar a existência de Deus(es)/Deusa(s). Essas crenças são pessoais e cabe a cada família orientar seus filhos para a vivência religiosa que entendem ser a melhor para eles.

Democraticamente, a função da disciplina se fundamenta em socializar o conhecimento religioso construído e vivido cotidianamente pela humanidade, a fim de que todos tenham acesso a esse saber. Tendo esse conhecimento, os alunos podem respeitar as opções pessoais dos outros e aprofundar a compreensão e o respeito pela sua própria escolha, dando, assim, um passo muito importante na vivência e construção da democracia.

Síntese

O MUNDO É PARTILHADO: NÓS coexistimos, estamos juntos de outros para criar realidades, para viver cotidianos e para cuidar das casas interna e externa – a chamada *ecologia*.

Muitas culturas se desenvolvem e se desenvolveram tendo como meta experienciar um estado alterado de consciência, "experimentar" Deus, viver a espiritualidade e o desabrochar da consciência divina. Mesmo imersos em todo esse pluralismo religioso que se comunica por palavras e metáforas diferentes, o sentido último do ser no encontro de sua significação como vivente é uma experiência partilhada por quase todas as culturas religiosas. O mundo plural se origina de uma mesma fonte, a religiosidade diversa reclama os mesmos sentidos, ou seja, dignidade, amor, compaixão, fraternidade, liberdade, respeito, comunhão etc.

Em meio a toda essa riqueza de diferenças, encontramos semelhanças, em meio a homens e mulheres de estaturas e cores diversas, encontramos sangue, ossos, nervos, órgãos e articulações. Nossa humanidade é comum, a superfície é diversa, o que significa que nossas psiques religiosas se enraízam em uma mesma terra, chamada por alguns de *Deus*.

Indicação cultural

GIL, G. Guerra santa. Intérprete: GIL, G. In: *Quanta*. Rio de Janeiro: Warner Music Brasil, 1997. 1 CD.

O texto da música Guerra santa, *de Gilberto Gil, trata de apresentar diferentes crenças e afirmar que existem diferentes sons e nomes de Deus, mas os sonhos humanos são os mesmos. Afirma o direito de cada um exercer sua crença livremente.*

Atividades de Autoavaliação

1 Marque a alternativa correta.
   A) O Brasil possui uma identidade cristã; portanto, é o cristianismo que assume maior importância nas aulas de Ensino Religioso.
   B) A diversidade cultural religiosa do país é levada em conta, a fim de que o Ensino Religioso aborde esse componente sem privilegiar esta ou aquela cultura religiosa.
   C) O mundo é constituído de sujeitos iguais, sem uma ampla gama de variações.
   D) O Ensino Religioso tem a obrigação de contemplar a diversidade e reafirmar aquilo que é fundamental para o sujeito, ou seja, a crença em Jesus como salvador.

2 Marque com (V) para verdadeiro e (F) para falso as seguintes alternativas:
O Ensino Religioso, na perspectiva do multiculturalismo:
   ( ) aponta para o reconhecimento da diversidade religiosa na formação e vivência cotidiana do povo brasileiro.
   ( ) considera esse tema como de fundamental importância no trato para com o fenômeno religioso, no que tange às diferentes manifestações do sagrado.
   ( ) considera os grupos excluídos e minoritários como grupos de importância menor.
   ( ) leva em conta as demandas sociais e o estabelecimento de medidas inclusivas.
Agora, assinale a alternativa que apresenta a sequência correta:

A) V, V, V, F
B) V, V, F, F
C) V, V, V, V
D) V, V, F, V

3 Marque a alternativa correta.

Ao se debruçar sobre as diferentes formas de cultuar o sagrado, o professor tem a oportunidade de:

A) confirmar suas crenças, pois o conhecimento fornece subsídios para compreender e desarmar todas as religiões que se fundamentam em falsas crenças, em deuses falsos e idolatrias.

B) verificar as afirmações falsas e verdadeiras de cada tradição religiosa acerca do sagrado.

C) abordar o fenômeno religioso na dimensão da multiculturalidade.

D) levar aos alunos a palavra de Deus.

4 Marque a alternativa correta.

Ser um indivíduo ético significa:

A) conforme Boff (1998a), estar inserido e participante em uma ecologia social, buscando tirar o melhor proveito para si dessa condição.

B) reconhecer a pluralidade das formas de vida e passar a valorizar a forma humana.

C) reconhecer a pluralidade das formas de vida e passar a valorizar toda a espécie de vida existente no universo.

D) ser agente passivo na criação desse humano ético, responsável e partícipe no mundo.

5 Marque a alternativa correta.

As tradições religiosas:

A) não formulam prescrições éticas, pois acreditam no livre-arbítrio.

B) elaboram preceitos, sendo que alguns deles se repetem em quase todas as tradições religiosas do mundo, como, por exemplo: "não matar", "não roubar", "não mentir", "prestar ajuda aos outros", "amar sem esperar recompensas", "promover a paz", entre outros.

C) estruturam o poder com vistas a ganhos financeiros e não se ocupam com questões éticas.

D) são verdadeiras e falsas e cabe ao professor mostrar aos alunos quais são as corretas e quais são as incorretas.

Atividades de Aprendizagem

Questões para Reflexão

Leia o texto a seguir.

> Viver em um mundo plural não é tarefa fácil – os preceitos religiosos costumam apontar e definir comportamentos que os membros de determinado grupo religioso devem adotar em relação aos outros.
>
> Vejamos, então, como algumas tradições religiosas encaram a vivência de relacionamentos fraternos entre as pessoas e, até mesmo, entre as diferentes formas de vida (conforme caderno pedagógico elaborado pela ASSINTEC em parceria com a Secretaria Municipal de Educação de Curitiba):
>
> "Que todos os seres sejam felizes, que todos os seres vivam em paz!" **Budismo**
>
> "Ame o próximo como a ti mesmo..." **Cristianismo**

"Amizade e fraternidade são as virtudes cardeais. Deve-se angariar muitos amigos e amá-los como a irmãos. O homem sábio escolherá amigos dignos de amor fraternal." **Confucionismo**

"O homem bom não faz distinção entre amigo e inimigo, irmão e estrangeiro, mas os considera a todos com imparcialidade. Um verdadeiro amigo sempre será compassivo." **Hinduísmo**

"Toda a humanidade é uma família, um povo. Todos os homens são irmãos e devem viver como tal. Deus ama aqueles que vivem assim." **Islamismo**

"Seja justo e imparcial para com todos. Trate sempre todos os homens como irmãos. Como se trata os homens, assim se deve tratar todos os animais. Eles também são nossos irmãos." **Jainismo**

"Deus fez todos os homens irmãos e eles devem viver juntos como irmãos em todo o tempo. E é bom para os homens agirem em unidade como irmãos. Tal ação será abençoada por Deus e prosperará." **Judaísmo**

"O céu é o pai e a terra é a mãe de todos os homens. Portanto, todos os homens são irmãos e devem viver juntos como tal. Vivendo assim, o país será livre de ódio e tristeza." **Xintoismo**

"Juntem-se, meus irmãos, e removam toda a incompreensão através da mútua consideração." **Sikhismo**

"O espírito de fraternidade, de bondade é necessário se alguém quiser ganhar amigos. O espírito do mercador, onde os homens vendem mercadorias, não deve ser o espírito do homem bom." **Taoismo**

"Os amigos devem ser pessoas santas. Um homem santo irradiará santidade a todos os seus amigos." **Zoroastrismo**

"Convém a todos os homens, neste dia, apegar-se com firmeza ao grandíssimo nome, e estabelecer a unidade de toda a humanidade. Não há nenhum lugar para onde fugir, nenhum refúgio para se procurar, senão Ele." **Fé Bahá'í**

Fonte: Costa, Guilouski, Schlögl, 2007, p. 75-76.

1 A partir da leitura dessas afirmações, pesquise novas afirmações de religiões variadas e anote-as.

2 Construa um texto no qual você analisará a função da existência das normas ética nas tradições religiosas.

ATIVIDADES APLICADAS: PRÁTICA

Seguem duas sugestões de atividades para serem trabalhadas com os alunos, em sala de aula:

TEMA 1: A diversidade cultural e religiosa no mundo

Objetivo: identificar a diversidade, percebendo sua importância e significação na vida dos povos e dos indivíduos.

Atividade: apresentar o seguinte texto aos alunos:

DIFERENÇAS RELIGIOSAS

O diálogo inter-religioso pode provocar nas pessoas de diferentes crenças o desafio da descoberta do "outro". Pode também propiciar um espaço de abertura para que as pessoas de diferentes crenças religiosas e pessoas sem crenças religiosas reflitam e trabalhem juntas pela construção de uma cultura de paz no mundo.

Você já reparou como em sua sala de aula as pessoas são diferentes?

Além das diferenças de fisionomia, de gostos, de voz, existem diferenças religiosas, pois nem todos praticam a mesma religião. Muitas pessoas possuem religião, e outras não. Isso acontece porque nosso país é um país de liberdade de crenças, ninguém é obrigado a ter religião ou a seguir esta ou aquela crença. As pessoas agem conforme suas necessidades, sua compreensão de mundo e espiritualidade e, muitas vezes, seguem as tradições da família e do meio ao qual pertencem.

> É muito interessante conhecer as pessoas nesse aspecto, saber de suas buscas espirituais e crenças; saber mais sobre elas pode nos auxiliar a compreendê-las melhor e a respeitar suas convicções. Não precisamos partilhar das mesmas ideias para que possamos respeitar o outro, necessitamos de conhecimento e de bom coração para podermos permitir que o outro seja quem ele é.
>
> Nossa classe pode ter alunos que praticam a fé cristã, que praticam o espiritismo, o candomblé, o judaísmo etc., e, ainda, alunos que não pertençam a nenhuma tradição religiosa. Tudo isso faz de nossa classe uma turma com diversidades, diferenças, o que nos torna mais interessantes. Podemos aprender sobre o universo religioso a partir de nossa convivência, a partir do reconhecimento de nossas diferenças e do compartilhar de nossas experiências religiosas.
>
> É claro que ninguém vai querer converter ninguém! Isso geraria apenas inimizades. Também não estamos querendo provar nada para os colegas, não vamos julgar as crenças pessoais; vamos, sim, conhecer as diferentes crenças, para ampliar o nosso conhecimento e para poder realmente compreender a complexidade do universo religioso e garantir que todos tenham liberdade em vivenciar sua tradição religiosa ou mística, garantir o direito ao afeto e à vida em comunidade, respeitando aquilo que é da escolha de cada um. Como cantou Gilberto Gil: "o seu amor, ame-o e deixe-o ser o que ele é...".

A partir do estudo do texto, a classe poderá elaborar um cartaz contendo uma série de princípios que garantam a qualidade do relacionamento interpessoal de todos, levando em consideração as diferenças religiosas.

Avaliação: construção de uma composição musical, escrita, plástica, cênica ou outra modalidade que sintetize a conclusão de cada aluno sobre esse tema.

Tema 2: Maneiras diferentes de fazer religião
Objetivo: perceber como diferentes culturas do mundo vivenciam o contato com o sagrado.
Atividade: projetar os primeiros minutos do filme *Baraka*, no qual são apresentadas diferentes imagens de culturas religiosas do mundo.

> BARAKA. Direção: Ron Fricke. Produção: Mark Magidson e Michael Stearns. EUA: Versátil Home Video, 1992. 96 min.
>
> Baraka *é um documentário dirigido por Ron Fricke, que trata de apresentar apenas imagens de várias paisagens, igrejas, ruínas, cerimônias religiosas e cidades.*
>
> *Foi filmado em 23 países: Argentina, Brasil, Camboja, China, Equador, Egito, França, Hong Kong, Índia, Indonésia, Irã, Israel, Itália, Japão, Quênia, Kuweit, Nepal, Polônia, Arábia Saudita, Tanzânia, Tailândia, Turquia e EUA. O filme apresenta apenas sons e imagens, nada de diálogos ou narrações. Há uma elaborada intenção nas imagens apresentadas e em sua sequência. Porém, o filme favorece a livre reflexão para quem o assiste.*

Após a exibição do trecho do filme, partir para uma reflexão com a turma sobre as impressões causadas pelas imagens. Depois, passar o início do filme mais uma vez, porém agora executando pausas e localizando, juntamente com os alunos, as culturas que são ali apresentadas. A partir disso, os alunos poderão, em equipes, organizar maquetes que mostrem culturas e rituais religiosos diversos.
Avaliação: identificar as diferenças pessoais, culturais e religiosas presentes em sua realidade próxima e distante, bem como vivenciar o respeito às diferenças.

SEIS

A ESPECIFICIDADE DOS PROCESSOS DE AVALIAÇÃO NO ENSINO RELIGIOSO

A AVALIAÇÃO É TEMA CRUCIAL da educação e que, muitas vezes, não foi considerado como deveria na prática pedagógica do Ensino Religioso. Avaliar é instrumento ímpar no acompanhamento metodológico que se dá à disciplina, bem como atividade que acompanha todos os procedimentos realizados tanto pelo professor quanto pelos alunos. Quem avalia, avalia-se e é avaliado, todo esse processo ao mesmo tempo. A avaliação requer reflexão e constantes alterações de curso, pois é ela a norteadora dos caminhos que conduzem à socialização e à construção do conhecimento escolar. Porém, é preciso avançar e ir além das práticas insuficientes do passado, quando a avaliação possuía a função de regular comportamentos e de conduzir os alunos ao "sucesso" pedagógico por meio da coerção.

É preciso vencer a resistência natural às mudanças necessárias e fazer da avaliação um tema para amplas reflexões, para desconstruir antigas certezas e se pautar em novas dúvidas. Enfim, a questão pulsante no que se refere à avaliação, e não apenas ao Ensino Religioso Escolar, é como torná-la inclusiva, emancipatória e aliada nos processos de motivação e integração do "eu" por meio da consciência positiva de si. Essa consciência deve ser construída pela plena aceitação dos próprios erros e acertos, como parte de um processo maior de conhecimento do mistério, do universo, do mundo, do outro, da natureza e de si mesmo.

Uma vez tendo refletido sobre as questões gerais relacionadas ao ato de avaliar, é importante termos em vista que a avaliação sempre esteve presente nos processos educativos, mas sob diferentes formas e concepções, sendo utilizada, historicamente, até mesmo como forma de punir e gratificar não só conhecimentos, mas também comportamentos.

Inegavelmente, a avaliação é um instrumento que apresenta múltiplos poderes. A avaliação não pode jamais ser separada do objetivo. É preciso questionar: "Para onde se pretende ir?", "Por acaso se chegou ao destino?".

Avaliar não pode ser um ato de exercer pressão sobre os estudantes, a fim de fazê-los "obedecer", e também não se pretende reforçar a clara representação dos valores hegemônicos de uma dada cultura. Se assim ocorrer, ela estará acontecendo sem postura reflexiva, condição básica para a efetivação de todo o seu processo.

Como instrumento pedagógico, o processo avaliativo é insubstituível no que tange ao processo de conhecer aquilo que se apreendeu e como se aprendeu e constitui-se também em uma forma ímpar de verificação do sucesso metodológico adotado pelo sistema de ensino-aprendizagem ou, então, de seu fracasso.

A avaliação pedagógica pode ser vista como um meio importante e decisivo em todo o processo de ensino-aprendizagem, deixando de ser apenas um instrumento de medida, capaz de aprovar ou reprovar, para ser entendido como um norteador de ações, tanto para alunos quanto para professores. Simbolicamente, podemos sugerir que a avaliação seja como uma "bússola" no processo pedagógico, aquela que pode indicar e orientar a práxis educativa como um todo.

Avaliar implica estabelecer processos de relações e todo esse processo movimenta energias psíquicas nos indivíduos. Sentimentos e racionalidades compartilham espaços nos relacionamentos. No ato de avaliar, avaliado e avaliador se relacionam e ambos estabelecem relações com os conteúdos, metodologias, objetivos e, mais "secretamente", com as interpretações de cada um, com os desejos e sentimentos mobilizados pela ação avaliativa.

Esse é um processo que influencia significativamente toda a prática escolar e as relações interpessoais, nas quais professores e alunos se inserem. Porém, não se avalia apenas nas unidades escolares. Os namorados avaliam seus pares, os músicos avaliam a afinação de seus instrumentos, os agricultores avaliam as condições do solo, os animais das florestas avaliam a possibilidade de capturar suas presas etc.

A avaliação faz parte da vida, e não apenas da vida humana. Ela muitas vezes é tida como uma invenção educativa, uma instância à parte, separada do viver. Essa maneira de ver a avaliação é reducionista; é preciso, sim, caracterizá-la, adequá-la ao meio e às propostas educativas, mas sem perder de vista a imersão maior que se dá na própria ação de viver, na qual o ato de avaliar e ser avaliado é condição do movimento no mundo.

Até mesmo no espaço religioso, por exemplo, em templos religiosos, os atos dos devotos são avaliados incessantemente, bem como o desempenho dos sacerdotes, dos xamãs, das mães e pais-de-santo, dos rabinos, enfim, de todos aqueles que ocupam posição de exercício ativo. Não só eles são avaliados, mas também a comunidade é avaliada e julgada conforme prevê o código normativo de cada tradição. A própria força e função religiosa muitas vezes é questionada e avaliada por líderes e seguidores.

Na escola, a avaliação segue procedimentos, objetivos, formas diferenciadas de aplicação. Tudo isso é levado em consideração e é devidamente medido. Aos estudiosos da educação e professores, aponta-se como fundamental "avaliar a avaliação". Melhorias educacionais advêm da reflexão e da coragem de mudar antigos paradigmas.

6.1
PARADIGMAS EDUCACIONAIS

CONFORME SCHLÖGL[105], DOS ESTUDOS DO médico grego Galeno até hoje, muita coisa mudou. Pelas descobertas de Dr. Harvey*, em 1616, sabe-se que o nosso sangue se movimenta de maneira circular, graças ao batimento cardíaco. Até então, tínhamos a ideia oriunda de Galeno, de que o sangue não circulava – para ele, todo o sangue era consumido pelo corpo, jamais voltando a sua fonte. Os padres medievais decretaram que somente Deus podia conhecer o funcionamento do coração; por isso, a dissecação de cadáveres era proibida. Mas foi também a partir de Harvey que se fixou a estranha ideia do corpo como uma máquina. A princípio, essa deveria ser apenas uma metáfora, mas, como tantas outras metáforas, transformou-se em uma verdade inquestionável. Pensa-se no corpo como uma máquina, no universo como uma máquina, e chegamos a sonhar que o nosso intelecto, nossa racionalidade, pudesse alcançar a perfeição, desvendando e dominando a natureza. Arte e espiritualidade foram desprezadas, pois não se moldavam aos padrões rígidos do intelecto mecanicista de então.

Não apenas nosso corpo foi visto como máquina, como também a educação fixou moldes que se assemelham às fábricas. Ela também reproduziu o conceito de máquina no processo chamado *ensino-aprendizagem*, com normas fixas que não levam em conta especificidades individuais: as filas de entrada e saída, a hora do lanche coletivo, os

---

* O Inglês William Harvey (1578-1657) rejeitou a teoria de Galeno, que vigorava já por 14 séculos. Harvey desvendou o funcionamento da circulação sanguínea, apesar da crítica de seus colegas da época.

sistemas rígidos de avaliação etc. A inflexibilidade dos métodos é outra característica marcante do pensamento cartesiano. Ainda hoje, ouvimos nas escolas sirenes (como nas fábricas), que soam desagradável e ensurdecedoramente[108].

6.1.1
ESCOLA TRADICIONAL

Pensando em máquinas, o importante seria o seu funcionamento. Levar em conta aspectos tais como a satisfação seria um luxo desnecessário. Na **educação tradicional**, que se estabeleceu no Brasil desde a primeira escola, por volta de 1594, fundamentada em conceitos mecanicistas, o professor devia "colocar" o conhecimento pronto dentro da cabeça de seu aluno. O aluno (máquina cerebral) deveria reproduzir o aprendido; quanto mais completa e perfeita essa reprodução, melhor.

Segundo Mizukami[89], "O ensino, em todas as suas formas, nessa abordagem, será centrado no professor. Esse tipo de ensino volta-se para o que é externo ao aluno: o programa, as disciplinas, o professor. O aluno apenas executa prescrições que lhe são fixadas por autoridades exteriores" (p. 9).

Behrens[9] traça, como característica importante da abordagem tradicional, a escola como sendo o lugar privilegiado da educação e a única fonte de saber, onde disciplina e ambiente se combinam no que se refere à austeridade. O professor, nessa abordagem, é aquele que detém todo o saber e que transmite aos seus alunos aquilo que eles deverão reproduzir fielmente. O silêncio é valorizado e cabe ao professor instituí-lo em sala de aula. O aluno permanece receptivo e passivo, é aquele a quem cabe realizar as tarefas, sem questionamentos e sem espaço para sua criatividade, tendo a função de copiar e, dessa forma, assimilar os conteúdos. A metodologia se fundamenta em aulas teóricas, expositivas. A ênfase ao ensinar pode se desvincular do aprender, pois essa metodologia segue os ditames da lógica, sequenciação e ordenação de conteúdos. A avaliação, geralmente bimestral, valora aquilo que o aluno conseguiu memorizar, e a memorização se demonstra por meio da repetição das respostas prontas.

6.1.2

Escola Nova

Já o movimento da **escola nova**, que, no Brasil, iniciou-se na década de 1930, ocorreu no governo de Getúlio Vargas e teve em Anísio Teixeira um representante de destaque. Ele traduziu alguns textos de John Dewey, a fim de iniciar uma reflexão no campo da educação brasileira. Essa escola privilegiava, como comenta Pagni, citado por Monarcha[90], "o foco do interesse dos alunos em detrimento da autoridade exercida pelo professor" (p. 163). E Pagni[90] ainda explica que

Na interpretação de Anísio Teixeira, a Teoria da Educação de Dewey não seria simplesmente uma crítica à "organização didática" da "escola tradicional", mas uma crítica filosófica às ideias e às doutrinas pedagógicas, que se assentaram nas teorias da educação convencionais, assim como a formulação de uma Filosofia da Educação a partir do conceito de experiência e de seu vínculo com a educação. Dessa Filosofia da Educação Anísio extraiu as diretrizes para a organização escolar e, principalmente, para a prática pedagógica postuladas por Dewey e apresentadas como uma das alternativas no interior do movimento da Escola Nova, desenvolvido no Brasil. (p. 163)

De acordo com Behrens[9], a escola, nesse paradigma, diferencia-se da escola tradicional, pois passa a se centrar no aluno. A formação para a democracia interessava então à escola e se buscava proporcionar experiências diversas para que o aluno pudesse realizar a sua aprendizagem por meio de suas experiências. O ambiente escolar também privilegiava a realização pessoal do aluno e o autodesenvolvimento. O professor, nesse momento, é o facilitador da aprendizagem, não mais um impositor do saber, e sabe se relacionar positiva e democraticamente com seus alunos, sendo um orientador e não um dirigente autoritário. Ele organiza e coordena atividades que são estabelecidas face a um planejamento em conjunto com seus alunos.

Para esse professor, é importante levar em consideração a valorização das diferenças individuais e da autonomia, tanto do professor como dos alunos. O aluno é a figura mais importante desse processo, englobando a sua dimensão psicológica, que lhe confere certa peculiaridade. É visto como um sujeito ativo, com iniciativa, e aprende resolvendo problemas. A metodologia valoriza as unidades de experiência, atividades livres em que cada aluno é respeitado em seu ritmo próprio. A avaliação valoriza a autoavaliação, fazendo com que o aluno também seja responsável pelo seu processo de aprendizagem.

6.1.3
Escola Tecnicista

O paradigma da **escola tecnicista** se estabelece no Brasil no período da Ditadura Militar (1964). Essa tendência, que segue o modelo americano, prioriza o empirismo e foi influenciada por comportamentalistas e behavioristas, bem como pelo positivismo lógico. Mizukami[89] dirá que:

Para os positivistas lógicos, enquadrados nesse tipo de abordagem, o conhecimento consiste na forma de se ordenar as experiências e os eventos do universo, colocando-os em códigos simbólicos. Para os comportamentalistas, a ciência consiste numa tentativa de descobrir a ordem na natureza e nos eventos. Pretendem demonstrar que certos acontecimentos se relacionam sucessivamente uns com os outros. Tanto a ciência quanto o comportamento são considerados, principalmente, como uma forma de conhecer os eventos, o que torna possível a sua utilização e o seu controle. (p. 19-20)

A educação teria, nesse paradigma, o dever de transmitir conhecimentos e comportamentos éticos[89], tudo isso baseado em controle social. Percebe-se que a escola é um lugar privilegiado de controle, capaz de produzir mudanças em seus alunos, mudanças estas desejáveis pelo sistema escolar. O comportamento é moldado, sem a participação dos alunos nas decisões curriculares. A escola controla os comportamentos, a fim de fixar aqueles que ela acredita convenientes, atendendo, assim, aos objetivos da sociedade. A esse respeito, Behrens[9] afirma que "O sistema capitalista exige uma escola que articule a formação do aluno para o sistema produtivo. Na realidade, a tendência tecnicista procurou transpor para a escola a forma de funcionamento da fábrica, perdendo de vista a especificidade da educação" (p. 52).

Segundo Mizukami[89], o professor, nessa abordagem, planeja e desenvolve o processo de ensino-aprendizagem, a fim de que o desempenho do aluno seja maximizado, levando em conta a economia do fator tempo, dos esforços e dos custos.

Conforme Behrens[9], o professor, seguindo a teoria comportamental*, é aquele que estimula e reforça os procedimentos e aprendizados corretos. Ele analisa as contingências de reforço a fim de que a aprendizagem se estabeleça.

O aluno é aquele que observa e aguarda para agir; todo o seu comportamento é determinado, não lhe restando espaço para a livre expressão. Ele é, ao mesmo tempo, estimulado e reforçado em suas respostas corretas. Por meio do reforço, pretende-se fixar um aprendizado. Do aluno não se espera participação crítica, mas, sim, a capacidade de seguir passo a passo ordens previamente estabelecidas.

Para Behrens, a metodologia se assenta em modelos que são seguidos com a finalidade de controlar os comportamentos. Utiliza-se a repetição para favorecer a assimilação. Cópias e premiações fazem parte dos procedimentos metodológicos dessa abordagem, estando a ênfase maior na resposta correta, sendo o erro passível de punição, e ao aluno só é dada a liberdade de realizar perguntas pertinentes ao conteúdo exposto. Na organização curricular, primeiro se oferecem as disciplinas teóricas e depois as práticas, o que leva a uma dicotomização entre teoria e prática. Uma marca relevante dessa abordagem foi a organização do planejamento de aulas em objetivos, conteúdos, procedimentos, recursos e avaliação.

A avaliação está centrada no produto e busca constatar se o aluno atingiu os objetivos. Como afirma Behrens[9],

O processo avaliativo acontece em dois momentos; no primeiro, a avaliação prévia com a finalidade de estabelecer pré-requisitos para

---

* A teoria comportamental trata de explicitar motivadores e inibidores do comportamento, a fim de que este possa ser modelado.

alcançar os objetivos. No segundo, a avaliação dos alunos relativa ao que se propôs nos objetivos instrucionais ou operacionais. Portanto, a ênfase é no produto, e a preocupação é se o aluno alcançou ou não os objetivos propostos. (p. 55)

A memória, nesse modelo, é condição básica de aprendizagem, pois dela o aluno vai depender quando estiver sendo avaliado.

6.1.4

PARADIGMAS INOVADORES

Os **paradigmas inovadores** levam em consideração que cada indivíduo é um organismo vivo, inteiro, diverso e particular, que precisa ser educado não para repetir fórmulas, mas para ser cada vez mais sensível, crítico e atuante. O discurso do intelecto era evidenciado no paradigma tradicional. O corpo era condicionado ao mais absoluto silêncio, à mais absoluta imobilidade. Enfim, aprisionar o corpo, colocar suas mensagens fora do alcance do próprio "eu", privar o indivíduo de si mesmo, foi uma maneira de educar nos moldes cartesianos, buscando uma sociedade que poderia ser regulada conforme leis rígidas e determinantes.

Representando os paradigmas inovadores temos a abordagem holística – também conhecida como *sistêmica* ou *da complexidade* –, a abordagem libertadora, tendo como principal expoente Paulo Freire e a abordagem do ensino por pesquisa.

A **visão sistêmica** surge como um retorno à visão orgânica de mundo, mas, dessa vez, ampliada pela ciência.

Muitos cientistas contribuíram significativamente para a elaboração e/ou refutação de teorias, compondo esse novo paradigma, entre eles: Albert Einstein, Stanislau Grof, Fritjof Capra, Werner Carl Heisenberg e outros. O modelo proposto pela visão mecanicista não explicava satisfatoriamente vários fenômenos pós-modernos. Com isso, estudiosos da física, da psicologia, da educação e da filosofia buscaram novas maneiras de explicá-los. Isso gerou uma nova visão de mundo e uma mudança de paradigma.

De acordo com o *Currículo básico de Ensino Religioso para a escola pública do Paraná*[94], formulado pela Assintec (Associação Inter-Religiosa de Educação) e destinada ao Ensino Religioso Escolar,

Na visão sistêmica, o universo deixa de ser visto como uma máquina, composta de uma profusão de objetos distintos, para apresentar-se como um todo harmonioso e indivisível, onde há uma interdependência e uma inter-relação entre tudo o que existe. Todas as coisas são encaradas como inseparáveis do todo cósmico, como manifestações diversas da mesma realidade essencial. A natureza é vista como um organismo vivo, dinâmico, capaz de reagir com uma linguagem própria às manipulações humanas, acionando seus mecanismos de defesa e de sobrevivência. O homem não é o centro do cosmos. Não existe centro e sim sistemas interligados, interdependentes, nem melhores ou piores, apenas diferentes, com maior ou menor grau de complexidade e dos quais o sistema Pessoa é um deles. A visão de pessoa, assim como a de mundo, é dinâmica e sofre alterações no curso da história. Dentro da visão sistêmica a pessoa é vista em sua totalidade, nas dimensões biofísica, sociopolítica, psicosomática e espiritual-religiosa, que faz parte de um todo complexo com o qual procura harmonizar-se e inteirar-se, pois é um ser em relação, que está em constante crescimento. Cada pessoa é única e original. Nasce com as potencialidades, mas ao mesmo tempo é um projeto, um ser que se constrói à medida que se relaciona. É dotada de razão, intuição e vontade; tem fé, esperança, criatividade, sentimentos e sensibilidade. Possui necessidades físicas, sociais, éticas, estéticas, intelectuais, afetivas e religiosas. É criativa, é determinada pelas circunstâncias e ao mesmo tempo transformadora da realidade; faz cultura; tem capacidade de ação, avaliação e julgamento. Tem consciência de si, das realidades que a cercam e intui a existência do Transcendente, a partir destas realidades. Na medida em que percebe o mundo como um sistema vivo, em constante evolução, sabe que depende do mundo e constata sua responsabilidade em preservá-lo. Concomitantemente, conscientiza-se da interdependência e inter-relação entre o micro e o macrocosmos. Busca a harmonia com o Cosmos. É parte de uma sociedade que está em constante transformação; tem uma unidade, mas ao mesmo tempo é pluralista; tem contrastes, contradições. Assim como recebe influências da sociedade, é capaz de assumir-se como sujeito da história e agente de transformação. (p. 18-19)

Na década de 1970, as mudanças pelas quais vinham passando a política, a sociedade, a religião e a própria educação, já apontavam para a necessidade de se encontrar um caminho que melhor respondesse aos anseios do povo.

Surge então a **pedagogia progressista**, que, segundo Libâneo[81], divide-se em **libertadora**, **libertária** (autogestão pedagógica) e **crítico-social dos conteúdos** (conteúdos em confronto com as realidades sociais).

A pedagogia libertadora, cujo grande expoente é Paulo Freire, tem a preocupação de ser instrumento que favorece as pessoas a se libertarem de todos os tipos de opressão. A educação passa a ser vista como ato político, na qual se educa para proporcionar maior conscientização dos aspectos individuais e sociais, e as lutas de classe são legitimadas como meio de transformação social. Na visão de Freire[56],

> O problema fundamental, de natureza política e tocado por tintas ideológicas, é saber quem escolhe os conteúdos, a favor de quem e de que estará o seu ensino, contra quem, a favor de que, contra que. Qual o papel que cabe aos educandos na organização programática dos conteúdos; qual o papel, em níveis diferentes, daqueles e daquelas que, nas bases, cozinheiros, zeladores, vigias, se acham envolvidos na prática educativa na escola; qual o papel das famílias, das organizações sociais, da comunidade local? (p. 110)

Freire trouxe à pauta a educação crítica e coerente, que interage no social sem, contanto, deixar de lado a amorosidade, tão vivida e falada por ele.

Na abordagem sistêmica, a escola pretende formar o indivíduo que, além de ser profissional, também é sensível, humano, ético e que se percebe como ser harmonizado a uma rede cósmica de relações. A escola pretende superar os conceitos antigos de separação, substituindo-os por um repensar do universo como um todo, onde existe a unidade na diversidade. A escola também é o agente formal da escolaridade.

A escola deve se preocupar com o ambiente que seja mais adequado à educação e isso implica verificar e adaptar a iluminação, a cor das paredes, os tetos, o mobiliário, a cor externa, o arejamento, bem como o conforto físico e o aspecto de mobilidade dos alunos, permitindo os trabalhos individuais e os trabalhos em equipe.

O professor, em sua prática pedagógica, trabalha sem perder de vista a totalidade, superando a visão fragmentada e a simples reprodução de conhecimentos. Não tem medo de buscar novas formas, novas metodologias que sejam significativas para seus alunos, que os instiguem no processo de aprendizado e não deixem de lado o *éthos* – os valores necessários para a construção de uma cultura de paz e integração. Os relacionamentos interpessoais são muito importantes e o professor busca se relacionar com seus alunos, tendo em vista o respeito à alteridade.

Nessa abordagem, o aluno é aquele que participa ativamente da construção do processo da aquisição de seus conhecimentos, utilizando a dimensão racional de seu ser e também as dimensões sensíveis, emocionais e intuitivas. É um cidadão do mundo, complexo em meio a uma rede de relações não menos complexas. Ele é um ser dotado de capacidades criativas e talentosas, apresentando autonomia no seu processo de aprender. A respeito disso, diz Behrens[9] que

o aluno precisa ser considerado em suas inteligências múltiplas e pelos dois lados do cérebro, e este desafio instiga os professores a reconstruírem suas práticas educativas. Com a globalização, os pressupostos de informação foram ampliados, e os alunos podem acessar com independência o universo da rede de informação. Com satélites, a televisão a cabo e os computadores (internet, correio eletrônico, fax), os alunos adquiriram autonomia para produzir conhecimento. (p. 72-73)

A metodologia, sob essa perspectiva, é flexível e aberta e se preocupa com a evolução do aluno em suas múltiplas inteligências, valorizando sua capacidade de reflexão, de ação, de criatividade, de interação com o mundo, consigo mesmo e com o outro. Há curiosidade unida a um espírito crítico – a preocupação do aluno com a qualidade de vida se estende para além de si mesmo. O aluno aprende a decodificar e a recompor dados, informações e argumentos e a unificar a teoria com a prática, gerando a sua práxis. A metodologia holística considera o aluno um ser relacional, orientado em sua pesquisa pela tecnologia inovadora e pela busca constante de qualificar a vida em todas as suas formas. A avaliação considera as inteligências múltiplas, respeitando os limites de cada um, e está a serviço da construção do conhecimento, não se pautando em ser um meio de punição. Assim, como afirma Behrens[9],

As avaliações realizadas durante o processo têm demonstrado que os resultados são mais significativos, pois permitem ao aluno perceber seu desenvolvimento durante o trabalho que está sendo realizado. O professor com uma visão sistêmica é capaz de perceber que o erro pode vir a ser um caminho do acerto. Desafia seu aluno a encontrar novas respostas, a pesquisar outras possibilidades, permitindo que os colegas possam compartilhar da problemática levantada e juntos, professores e alunos, possam construir novas soluções [...]. (p. 75)

Ainda segundo o mesmo autor[9], a escola progressista visa proporcionar uma educação na qual se possibilite a vivência no coletivo e o estabelecimento de um clima de troca, de diálogo, de inter-relação, de transformação, de enriquecimento mútuo, levando-se em conta a transitoriedade e indeterminação das teorias. A sala de aula se apresenta como local de formulações de problemas, indagações, que visam favorecer a compreensão do real. Nesse sentido, importa que os conteúdos dialoguem com as realidades sociais. Os conteúdos são instrumentos politizadores. Nos dizeres de Freire[53]:

O professor é educador e também sujeito do processo, estabelece uma relação horizontal com os alunos, não é impositivo, e busca estar a

serviço do aluno vendo-o como sujeito de seu processo. Estimula os trabalhos grupais e age como mediador entre o saber elaborado e o conhecimento a ser produzido. Sua liderança é exercida de acordo com sua competência e busca problematizar os conteúdos e não apenas dissertar sobre eles.

O aluno é um ser responsável e ativo, é aquele que constrói sua história, ele é dinâmico e co-responsável, partícipe de todo processo ensinoaprendizagem. Espera-se que seja estimulado a confiar em si mesmo para vivenciar a relação dialógica com o professor e com os colegas, a fim de que o conhecimento seja resultado da investigação e discussão coletiva. Por ser inconcluso, isto é, inacabado, necessita educar-se permanentemente. "Na verdade o inacabamento do ser humano – a sua inconclusão – é próprio da experiência vital. Onde há vida, há inacabamento. Mas só entre mulheres e homens o inacabamento se tornou consciente." (p. 55)

A metodologia do ensino se pauta no princípio de que esse é um ato criador, crítico e não-mecânico, alicerçado em diferentes formas de diálogo e que contempla uma ação libertadora e democrática.

A prática pedagógica, com uma metodologia progressista, leva a uma formação do indivíduo como ser histórico e contempla uma abordagem dialética de ação-reflexão-ação. A tendência é ultrapassar o processo pedagógico que se reduz ao treinamento técnico, possibilitando uma ação integrada, calcada no diálogo e no trabalho coletivo. Ao optar por essa metodologia, o professor poderá lançar mão, no processo, de momentos expositivos em sala de aula[9].

Conforme atesta Behrens[9], a avaliação é contínua, processual e transformadora. Ela se dá em procedimentos individuais e coletivos e também abarca a autoavaliação e a avaliação grupal. O aluno participa com os professores da composição dos critérios para avaliação. São pilares sustentadores da avaliação: a exigência, o rigor e a competência. Todos são responsáveis pelo sucesso ou fracasso do grupo.

O **ensino por pesquisa**, por sua vez, estimula os professores e os alunos a desenvolverem aspectos de sua criatividade, com espírito crítico e reflexivo. Utiliza-se a tecnologia para desenvolver as capacidades cognitivas e operativas e também para formar o indivíduo em sua condição cidadã, ética e responsável. Para tanto, é importante elaborar e realizar projetos conjuntos que propiciem a produção do conhecimento, a reflexão e o compartilhar de ideias.

O professor é, juntamente com seus alunos, um pesquisador, ele instiga o aluno a "aprender a aprender", a fim de, manejando princípios científicos, investigar os fenômenos do campo das religiões e, em posse desses conhecimentos, realizar suas leituras com postura ética, estabelecendo-se cotidianamente como cidadão criativo e autônomo.

A metodologia do paradigma do ensino pela pesquisa propõe que ensino e pesquisa sejam indissociáveis e que sejam condição básica da aprendizagem. Assim, a produção do conhecimento se fará de forma crítica e reflexiva, conduzindo o aluno à autonomia e desenvolvendo a sua capacidade de problematizar, investigar, estudar, refletir e sistematizar o conhecimento. Essa metodologia abarca a interdisciplinaridade. Santomé[104] acrescenta que

Também é preciso frisar que apostar na interdisciplinaridade significa defender um novo tipo de pessoa, mais aberta, flexível, solidária, democrática e crítica. O mundo atual precisa de pessoas com uma formação cada vez mais polivalente para enfrentar uma sociedade na

qual a palavra mudança é um dos vocábulos mais freqüentes e onde o futuro tem um grau de imprevisibilidade como nunca em outra época da história da humanidade. (p. 45)

A avaliação no ensino por pesquisa, como afirma Behrens[8], é contínua, processual e participativa. Nela, professores e alunos sabem com clareza a problematização proposta, os procedimentos de investigação e também estão cientes dos resultados esperados e os métodos para obtê-los. O aluno é avaliado pelo desempenho geral e globalizado, seu ritmo individual é acompanhado, bem como o seu ritmo participativo e produtivo. Essa avaliação é diária, constante e processual. Os novos paradigmas educacionais se debruçam na preocupação do desenvolvimento de uma pedagogia que não se preocupe apenas com a construção de um conhecimento destituído de força social, mas, sim, com um conhecimento mobilizador de indivíduos e sociedades, alicerçado em princípios éticos bem delineados.

A avaliação, como orientadora de todo o processo escolar, tem diversas funções, entre elas a função diagnóstica, a função de orientar intervenções e também a função de mensurar resultados:

- A função diagnóstica compreende o levantamento dos conhecimentos anteriores, a fim de que o mapeamento da turma possa ser feito. Os saberes podem ser verificados por meio das análises avaliativas e o resultado pode nortear os novos planejamentos e sugerir objetivos a serem trabalhados.
- A função de orientar intervenções trata de verificar se a metodologia adotada está resultando em aprendizagem ou em estagnação. Uma vez verificado isso, o professor pode utilizar novos passos

metodológicos, trazer inovações, novos caminhos ou, ainda, seguir da mesma forma quando os resultados apontarem para essa opção.

- A função mensuradora, muito conhecida por todos, é aquela que organiza os resultados em termos de mapeamento numérico ou conceitual. A partir dela, é possível fazer o levantamento de gráficos e visualizar desempenhos ou até mesmo visualizar o insucesso escolar.

É preciso pensar em avaliação inclusiva permeando toda a prática no cotidiano da sala de aula e fora dela.

Cabe também lembrar da importância da autoavaliação, na qual o aluno toma consciência sobre o que já aprendeu, ou seja, sobre os avanços atingidos na aprendizagem, e também sobre em que aspectos deve investir maiores esforços para melhorar e superar suas dificuldades.

Segundo o professor Dr. Jean-Claude Régnier (in *Diálogo Educacional*[41]), a autoavaliação abrange três etapas:

1 a **autonotação**, que "diz respeito ao procedimento que consiste na atribuição de uma nota pelo próprio aprendiz, dentro do quadro adotado pelo sistema escolar, a partir das regras estabelecidas pelo professor ou mesmo pelo aprendiz" (p. 59);

2 o **autocontrole**, que sugere que o aluno desenvolva um comportamento consciente, desligado da tutela do professor, que o leve a buscar por conta própria a solução de problemas;

3 e, por fim, o autor[41] acrescenta a **autocorreção** como etapa indispensável ao processo de autoavaliação:

A auto-correção recobre igualmente a dupla ideia de um processo cognitivo integrado ao processo auto-avaliativo e de uma conduta conscientemente adotada pelo indivíduo desejoso de se desligar da tutela de um professor, e que consiste por meios adequados e explícitos em retificar por si mesmo um resultado, o raciocínio pelo qual ele foi produzido ou o método escolhido para conduzir o raciocínio e produzir o resultado, mas também para retificar, melhorar ou reforçar os conhecimentos a partir das informações recolhidas para o autocontrole. (p. 59)

A autocorreção é um exercício constante e vários instrumentos pedagógicos podem favorecê-la, como, por exemplo, o *portfolio*.

O uso do *portfolio* é um excelente instrumento para o procedimento autoavaliativo, usando leituras e relações pessoais, mas também é útil para os procedimentos avaliativos do professor. Uma das finalidades do *portifolio*, no que se refere ao seu uso pelo professor, é poder conhecer melhor o aluno, constatar o que está sendo apreendido por este, adequar o processo de ensino conforme o que se pode constatar e julgar globalmente o processo de ensino-aprendizagem.

Os três conceitos que Régnier apresenta para a compreensão da autoavaliação (autonotação, autocontrole e autocorreção) podem ser desenvolvidos com o auxílio do *portfolio*. Nele, o aluno pode, ao vislumbrar sua produção de modo processual, perceber e até mesmo atribuir um julgamento pessoal ao seu processo de aprendizagem e de compreensão sobre o que e como tem aprendido. Ao se conscientizar sobre os conteúdos de seu aprendizado e sobre os procedimentos pelos quais se aproximou do "saber, saber-fazer e saber ser", no rumo dessa apropriação, o autocontrole, que representa a sua conscientização e a sua responsabilização pessoal pelo aprendizado, pode conduzir o aluno ao processo necessário e consequente de autocorreção. No processo de autoavaliação, o aluno pode identificar possibilidades de aprimoramento e buscar, de forma autônoma, orientar-se na reelaboração de seu próprio conhecimento, compreendendo as falhas como objetos de seu aprendizado e buscando superá-las por meio da reflexão acerca dos processos que as produziram.

O caminho educativo passa pela experiência constante de erros e acertos e é fundamental que o aluno aprenda a lidar com essas duas instâncias com muita tranquilidade, entendendo que o erro faz parte de um processo maior de conscientização. Não há porque evitar erros, pois eles são professores muito eficazes; não é evitando-os que se aprende, mas, sim, olhando para eles, dialogando e verificando como corrigi-los. O aprendizado real necessita de reflexões profundas e o fato de encontrar erros leva o indivíduo a parar e aprofundar-se sobre determinada questão. Na perspectiva da filosofia oriental, o erro conduz ao acerto e o acerto conduz ao erro; esses são aspectos inseparáveis do movimento rumo à produção do conhecimento.

Quando o erro é visto como algo a ser evitado a todo o custo, a avaliação se torna instrumento punitivo e é capaz de gerar bloqueios e precariedade nas reflexões, bem como produzir baixa autoestima, levando ao possível fracasso escolar. Pensar em avaliação significa pensar também nas questões psicoafetivas que envolvem esse procedimento, tais como o medo, a ansiedade, a paralisia, a competitividade, entre outros.

Todos nós exercemos o poder de avaliadores e avaliados, é algo que está implícito em nossas relações interpessoais; uma vez que toda relação pode resultar em um tipo específico de aprendizado, as formas avaliativas e suas consequências nos acompanham em todos os momentos da vida.

Aprendemos mais e melhor ou, ainda, menos e pior, como consequência da maneira como experimentamos os sentimentos originados pelo fato de avaliarmos os outros e de sermos avaliados por eles. Sem dúvida, essas vivências orientaram um tipo particular de autoavaliação, que ora nos impeliu para frente, alicerçando bons sentimentos em relação a nós mesmos, e ora nos bloqueou, muitas vezes até de forma traumática, gerando sentimentos de incapacidade e insuficiência, por nos sentirmos inseridos em um mundo de outros "melhores".

A avaliação, quando unicamente centrada em resultados, com foco unidirecional, reafirma um estilo de educação fragmentada. O contrário disso significa orientar os estudos para a perceção global da informação. Nesse processo, o erro e o acerto são vistos como caminhos importantes de aprendizagem. Desse modo, o erro é visto de maneira positiva, pois propicia o aprofundamento do conhecimento, quando o indivíduo busca, por meio do erro, compreender o caminho que o leva ao acerto ao mesmo tempo em que compreende o caminho que o levou ao erro.

A aceitação de si mesmo e do outro também passa por essa condição, ou seja, pela capacidade de aceitar os erros e os acertos, sabendo-os importantes na construção do conhecimento e fundamentais para os avanços que se pretendam.

Avaliar também implica organizar conteúdos baseados em novas temáticas. Nesse momento, todo cuidado é pouco, pois muitas vezes apenas repetimos o padrão herdado da cultura que elege alguns valores em detrimento de outros. No caso específico do Ensino Religioso escolar no Brasil, convém lembrar que essa disciplina foi marcada pela supremacia do cristianismo sobre as demais religiões e que, no princípio, ainda se restringia ao catolicismo apostólico romano. É preciso modificar esse paradigma, entender e valorizar a pluralidade cultural e religiosa, a fim de que a distribuição dos conteúdos não venha a reafirmar a supremacia de uma cultura sobre a outra.

É preciso questionar constantemente os campos de conhecimento que serão trabalhados em sala de aula, buscar um pouco mais de clareza ao que se refere ao processo que determina quais serão os conteúdos elencados, os graus de importância que damos a eles e o motivo que nos leva a escolhê-los em detrimento de outros.

A valoração que se estabelece depende de cada cultura e obedece a determinações políticas. Se não há como escapar dessa posição, ao menos podemos lançar um pouco de luz, compreendendo que a hegemonia dos conteúdos não é um dado absoluto e, portanto, avaliar pode abranger outras formas de visão mais abrangentes e flexíveis, pois sabemos que a avaliação acaba por legitimar o valor de certos tipos de atividades educativas e discrimina outras tantas. A avaliação implica perscrutar as culturas e a rede de relações entre os sujeitos e seus contextos.

Para tanto, necessitamos considerar o não-explícito do sistema, cuja influência sem dúvida alguma é muito grande. Aquilo que não é visto, mas que modela e origina comportamentos dentro do sistema. Cabe àquele que avalia focar sua atenção no todo institucional, sem deixar escapar o todo orgânico.

Quem avalia, incluindo aí o docente de Ensino Religioso, deve sempre fazer novas perguntas, dirigidas, inclusive, a si mesmo, como, por exemplo:
- Quais as causas do erro e do fracasso?
- Em que medida o erro pode ser caminho para o acerto e vice-versa?
- Qual a relação entre um erro e outro?
- Quais as pistas para uma ação corretiva?

- Quais as religiões que ainda sofrem preconceito em nosso meio e como trabalhar seus conteúdos em sala de aula?
- Como a leitura masculina das religiões impregna nossa maneira de compreender o fenômeno religioso?
- Como trabalhar com a valorização das culturas e tradições religiosas, bem como analisar os movimentos místicos e filosóficos sem embutir preconceitos e distorções?
- Como resgatar o valor das manifestações do sagrado na parcela religiosa que foi historicamente excluída, a saber: os índios, os negros, as mulheres etc.?
- Quais as maneiras de focar o mundo exterior e, ao mesmo tempo, estabelecer relações com o conhecimento que cada aluno constrói na vivência familiar e particular?
- Como atuar pedagogicamente de modo a favorecer descobertas e flexibilizar padrões antigos que afetam a percepção?
- Como utilizar o conhecimento para abolir preconceitos?
- O Ensino Religioso escolar, atualmente, não se preocupa em evangelizar e aborda o conhecimento religioso tal qual acontece, sem valorizar esta ou aquela religião. Certas vezes, essa mudança paradigmática gera desconforto em algumas famílias. De que maneira o professor pode mediar os conflitos originados?

Poderíamos seguir adiante com muitas perguntas, mas estas agora caberão a cada professor, aluno e comunidade escolar.

A avaliação deve prestar auxílio no processo de aprendizagem humana, sem perder de vista todas essas indagações. Caso contrário, ela se limita à medição, aprovação e reprovação e não cumpre a função principal de ser agente transformador e facilitador da aprendizagem, o que resulta em novos comportamentos face a um mundo plural.

Para concluir este trabalho, citamos um trecho do poema *Deste ou daquele modo*, de Fernando Pessoa[98]: "Procuro despir-me do que aprendi, / Procuro esquecer-me do modo de lembrar que me ensinaram, / E raspar a tinta com que me pintaram os sentidos, / Desencaixotar as minhas emoções verdadeiras [...]. (p. 63).

Aprender significa um pouco disso, pois todo aprendizado é mudança e toda mudança requer que a tinta velha seja removida e que os verdadeiros sentidos possam se mostrar, a fim de que aquele que aprende sobre o mundo aprenda com igual intensidade sobre si mesmo. O aprender, nesse sentido, é sempre um aprender-se. O avaliar é sempre o ponto de encontro com a realidade do que se sabe e o que se pretende ainda saber; nele, as falhas, as tintas velhas, evidenciam-se e, com bom grado e um pouco de ciência sobre o que se faz e o como se faz, o trabalho pode continuar.

Síntese

A AVALIAÇÃO É IMPORTANTE EM todo o processo educativo e, como vimos, no Ensino Religioso, ela se desdobra e avança em muitas funções. O foco na avaliação estende uma rede de interações que envolvem conteúdos, objetivos, metodologias, adequação dos temas às faixas etárias e ao desenvolvimento cognitivo e emocional dos alunos. Nessa complexidade, a avaliação se torna norteadora, é ela que indica os caminhos que devem ser seguidos e os caminhos que devem ser abandonados.

O medo da avaliação surge por conta da má utilização de seus recursos. Avaliar supera o antigo pressuposto de que o acerto é melhor do que o erro, pois a avaliação no Ensino Religioso se utiliza do erro para clarificar conteúdos, para modificar abordagens, enfim, erros e acertos são balizadores do caminhar pedagógico.

Nas várias escolas pedagógicas, podemos identificar claramente as ideologias que marcaram os diferentes períodos da política brasileira. Acompanhando essas tendências, o professor pode refletir melhor acerca dos mecanismos e das intenções que impulsionam as práticas pedagógicas.

Indicação cultural

Sonhos. Direção: Akira Kurosawa. Produção: Mike Y. Inoue e Hisao Kurosawa. Japão: Warner Bross, 1990. 119 min.

Esse filme é feito em 8 segmentos distintos (sonhos). Sugere-se assistir ao último quadro, intitulado O povoado do moinho. O filme todo trata da reflexão sobre a condição da vida e da morte das pessoas, sob a ótica da filosofia japonesa. Esse quadro, em específico, mostra o diálogo entre um homem jovem e um aldeão velho, apresentando a vida sob a perspectiva da harmonia da natureza, e culmina, dentro da mesma perspectiva, com a apresentação da morte.

O povoado do moinho *pode ser utilizado em sala de aula para abordar a temática da morte nas diferentes culturas religiosas, bem como para abordar símbolos e ritos religiosos, entre outros conteúdos.*

Atividades de Autoavaliação

1 Assinale a alternativa correta.
   a) Quem avalia, avalia-se e é avaliado, todo esse processo ao mesmo tempo.
   b) A avaliação requer obediência a manuais previamente determinados.
   c) Avaliar consiste em controlar os alunos, o que favorece muito o trato com a indisciplina (comportamento).
   d) Avaliação é uma questão antiga e superada.

2 A partir do fragmento a seguir, marque com (V) para verdadeiro e (F) para falso as seguintes alternativas:
As práticas pedagógicas sofreram a influência de diversas correntes de pensamento, entre elas:
   ( ) a da educação tradicional, que levava em consideração a criatividade do aluno como ferramenta básica para a efetivação de seu aprendizado.
   ( ) a da escola tradicional que, segundo Mizukami (1986), estava centrada no professor. Esse tipo de ensino se voltava para o que

é externo ao aluno – o programa, as disciplinas, o professor. O aluno apenas executava as prescrições que lhe eram fixadas por autoridades exteriores.

( ) a da escola tecnicista, que se iguala em tudo à escola tradicional. A escola tecnicista também privilegiava a realização pessoal do aluno e o autodesenvolvimento.

( ) a da pedagogia libertadora, cujo grande expoente é Paulo Freire. Essa corrente de pensamento vê a educação como instrumento que pode auxiliar as pessoas a se libertarem de formas de opressão. A educação passa a ser vista como ato político, em que se educa para proporcionar maior conscientização dos aspectos individuais e sociais, e as lutas de classe são legitimadas como meio de transformação.

Agora, assinale a alternativa que apresenta a sequência correta:

A) F, F, F, V
B) F, V, F, V
C) V, V, F, V
D) F, V, F, F

3 Marque a alternativa **incorreta**.

O paradigma sistêmico afirma que:

A) o universo se apresenta como um todo harmonioso e indivisível, onde há uma interdependência e uma inter-relação entre tudo o que existe.

B) todas as coisas são encaradas como inseparáveis do todo cósmico, como manifestações diversas da mesma realidade essencial.

C) a natureza é vista como um organismo vivo, dinâmico, capaz de reagir com uma linguagem própria às manipulações humanas, acionando seus mecanismos de defesa e de sobrevivência. O homem não é o centro do cosmos. Não existe centro, e, sim, sistemas interligados, interdependentes, nem melhores ou piores, apenas diferentes, com maior ou menor grau de complexidade e dos quais o "Sistema Pessoa" é um deles.

D) pensar sistemicamente a educação significa reafirmar que a razão tem prioridade sobre os sentimentos e que a visão das partes é muito mais importante do que a visão do todo.

4 Sobre a avaliação no Ensino Religioso, marque a alternativa correta:

A) É um instrumento já superado, pois em Ensino Religioso não se avalia. Para essa disciplina, não importa dar um conceito ou uma nota, mas, sim, enfatizar o que o aluno de fato compreendeu sobre o significado de conviver com os diferentes.

B) A avaliação não leva em consideração as questões psicoafetivas, tais como o medo, a ansiedade, a paralisia, a competitividade, entre outros, pois trata apenas de acompanhar os processos de cognição dos alunos.

C) É preciso pensar em avaliação inclusiva permeando toda a prática no cotidiano da sala de aula e fora dela.

D) A avaliação considera, prioritariamente, como os alunos vivenciam os valores humanos, objeto de estudo dessa disciplina.

5 A partir do trecho a seguir, marque com (V) para verdadeiro e (F) para falso as seguintes alternativas:

Para avaliar, é importante que o professor leve em consideração:

( ) as questões relacionadas à inclusão e à exclusão derivadas dos processos avaliativos.

( ) o erro, visto sob nova perspectiva, como caminho para o acerto.

( ) a proposta de uma educação que abolirá a avaliação de desempenho.

( ) a ineficácia de métodos avaliativos e a desnecessidade de avaliar na disciplina de Ensino Religioso.

Agora, assinale a alternativa que apresenta a sequência correta:

A) V, V, F, F
B) V, V, V, F
C) V, V, V, V
D) F, F, F, F

Atividades de Aprendizagem

Questões para Reflexão

1 Organize um texto autobiográfico, no qual você descreverá a sua experiência com avaliações, desde criança até os dias de hoje. Leve em consideração as diferentes formas em que foi avaliado e os resultados dessas avaliações sobre seu desempenho, aprendizagem e autoestima. Esse exercício pode ser realizado por diversas pessoas e, ao término, todos poderão ler seus textos em voz alta, iniciando um momento de reflexão sobre o significado da avaliação na aprendizagem e na vida das pessoas.

2 Faça um comparativo entre as diferentes escolas: tradicional, nova, tecnicista e inovadora, salientando aspectos positivos e negativos de cada uma delas.

ATIVIDADES APLICADAS: PRÁTICA

1. Escolha dois ou três filmes da lista apresentada a seguir e, após assisti-los, organize um projeto de aulas de Ensino Religioso no qual você trabalhará com conteúdos específicos da disciplina e utilizará trechos desses filmes para ilustrar tais conteúdos, em sala de aula. Defina os conteúdos e os objetivos e aponte quais os trechos de filmes que serão aplicados e por quê.

TÍTULO DO FILME	ABORDAGEM
1) *Além da eternidade* (1989)	Princípios do espiritismo.
2) *Um homem de família* (2000)	A procura da verdadeira felicidade.
3) *A fuga das galinhas* (2004)	As diversidades individuais em relação ao grupo.
4) *Lutero* (2003)	Reforma protestante.
5) *Pocahontas* (1995)	Tradições indígenas.
6) *Paixão de Cristo* (2003)	Releitura da via dolorosa.
7) *Madre Tereza*	Biografia de Madre Tereza de Calcutá.
8) *Irmão de fé* (2004)	Conversão de São Paulo.
9) *Irmão Sol, Irmão Lua* (1973)	Vida de São Francisco.
10) *Brincando nos Campos do Senhor* (1991)	Catequização indígena.
11) *Francesco* (1989)	Biografia de São Francisco de Assis.
12) *O espanta tubarões* (2004)	Liberdade para ser diferente.
13) *Formiguinhaz* (1998)	Sobre a solidariedade e trabalho coletivo.
14) *Gandhi* (1982)	Biografia de Gandhi.
15) *Questão de honra* (1992)	Princípios de justiça.
16) *Amistad* (1997)	Cultura afro.
17) *Deus é brasileiro* (2001)	Cultura religiosa brasileira.
18) *Pacth Adams: o amor é contagioso* (1998)	Poder da cura pelo amor.
19) *As profecias de Nostradamus* (1994)	Biografia do profeta Nostradamus.
20) *À espera de um milagre* (1999)	História mediúnica.

Título do filme	Abordagem
21) A sétima profecia (1988)	Escatologia.
22) O quinto elemento (1997)	Confronto entre o bem e o mal.
23) Energia pura (1995)	Dom sobrenatural.
24) O nome da rosa (1986)	Idade Média e o catolicismo.
25) Linha mortal (1990)	Entre a vida e as sensações pós-morte.
26) Ecos do além (1999)	Hipnose.
27) O pequeno Buda	Aborda aspectos do budismo tibetano.
28) História sem fim (1984)	Magia.
29) Voltar a morrer (1991)	Hipnose.
30) O Auto da Compadecida (2000)	Julgamento após a morte; a decisão entre céu e inferno.
31) Destino em dose dupla (1990)	Reencarnação.
32) Manika: a menina que nasceu duas vezes (1988)	Reencarnação hinduísta e cultura oriental.
33) O corpo (2001)	Antropologia e fé.
34) A missão (1986)	Cultura indígena e a catequização jesuítica.
35) Em algum lugar do passado (1980)	Auto-hipnose.
36) A odisséia (1997)	Mitologia.
37) Ghost: do outro lado da vida (1990)	Mediunidade.
38) Casamento grego (2002)	Cultura grega.
39) O último imperador (1987)	Cultura chinesa.
40) Campo dos sonhos (1989)	Vida após a morte.
41) Um casamento à indiana (2001)	Tradições e costumes hindus.
42) Os espíritos (1996)	Comunicação com os espíritos.
43) Minhas vidas (1987)	Projeção astral.
44) Sete anos no Tibet (1997)	Dalai Lama como mentor espiritual.
45) As 200 crianças do Dr. Korczak (1990)	Direitos infantis.
46) Kundun (1997)	A história do 14º Dalai Lama; cultura chinesa; "Sociedade Budista do Espírito".

Título do filme	Abordagem
47) O príncipe do Egito (1998)	Judaísmo.
50) O Mahabharata (1989)	A apresentação de um dos textos sagrados do hinduísmo.
51) Paixão eterna (1987)	Vida após a morte e reencarnação.
52) Hércules (1997)	Mitologia.
53) Jesus de Nazaré (1997)	Trajetória do fundador do cristianismo.
54) A corrente do bem (2000)	Princípios de bondade e o reflexo social.
55) Um anjo rebelde (2000)	O limbo e a reencarnação.
56) Os outros (2001)	Os espíritos que convivem conosco; mundo sobrenatural.
57) A cela (2000)	Espiritualidade e psicopatia.
58) Ressurreição (1998)	Amizade, família e comunidade.
59) Stigmata (1999)	Fé e possessão do demônio.
60) O mistério da libélula (2002)	Influência dos mortos na vida dos vivos.
61) O dom da premonição (2000)	Dom mediúnico.
62) Falando com os mortos (2002)	Dom mediúnico.
63) O pagador de promessas (1962)	Discussão sobre a influência da religião na sociedade.
64) Fé demais não cheira bem (1992)	Discussão sobre a influência dos evangélicos de TV na sociedade.
65) Vida após a morte (1992)	Depoimentos sobre pessoas que passaram por "semimorte".
66) Anjo de vidro (2004)	Existe o destino?
67) Deixados para trás 1 (2001)	Sobre o livro do Apocalipse da *Bíblia*.
68) Deixados para trás 2: comando tribulação (2002)	Sobre o livro do Apocalipse da *Bíblia*.
69) Não tenha medo: a vida e os ensinamentos do Papa João Paulo II (1996)	A trajetória do Papa João Paulo II e suas mensagens para o mundo contemporâneo.
70) Tenha fé (2000)	Conflito sobre o celibatarianismo.
71) Amor além da vida (1998)	Discussão entre o suicídio e a condenação ao inferno
72) Em nome de Deus (1988)	Conflito sobre o celibatarianismo

Fonte: GPER, 2009.

Considerações finais

> *"Tudo aquilo que vive é teu próximo".*
> – Gandhi, citado por Carvalho[26], p. 20.

AS PESSOAS, ASSIM COMO ALGUMAS das diferentes espécies de vida, possuem a característica comum de ter a necessidade de viver em coletividade. A religião, na maioria das vezes, é uma prática coletiva que identifica e fortalece os diversos agrupamentos humanos.

Essa prática coletiva que corresponde à vida religiosa de uma coletividade reforça os aspectos necessários de identificação, apoio e aceitação por parte do grupo.

Quando se descreve características correspondentes às etapas de desenvolvimento da pré-adolescência e da adolescência, frisamos o fato de que, nesse período, o ser humano busca, muitas vezes, ser reconhecido como membro de uma "turma" ou "tribo". Sua autoestima se vincula de maneira importante ao fato de ser aceito pelo grupo. Referimos-nos, então, à necessidade da vida em coletividade, para além dos laços familiares.

As características dos diferentes agrupamentos religiosos podem ser amplamente investigadas e identificadas nessa etapa escolar. Isso pode favorecer a compreensão de determinados comportamentos, vestimentas, entre outras formas de identificação que as pessoas utilizam e que as relacionam a uma dada religião. Por exemplo, o uso de saia e cabelos longos por algumas mulheres que pertencem a um dado segmento evangélico.

Os mitos e símbolos de todas as culturas também se remetem à coletividade. A mensagem se dirige à coletividade e não à particularidade de um indivíduo. Nos ritos, os corpos se consagram para a expressão desses mitos, na expectativa de uma mudança na ordem e na vida social. Há na imaginação mítica o caráter da coletividade e essa imaginação se expressa à coletividade, trazendo-lhe benefícios.

A questão emocional na vida dos grupos é prioritária e as culturas fortalecem os vínculos afetivos por meio dos diferentes fazeres religiosos. O ato de produzir cultura nunca é um ato solitário ou unicamente racional, mas, sim, coletivo, afetivo e integrador de pessoas.

A religião, essa linguagem cultural que se volta para aquilo que se conhece como *Transcendente*, toca o humano racional e afetivamente, levando-o à experiência mística do êxtase e do arrebatamento religioso.

Um dos papéis da religião consiste em fortalecer as bases emocionais que possibilitam o encontro da pessoa com o outro e até mesmo com aquele que foi nominado de *o Grande Outro*, ou seja, Deus/a, Inteligência Suprema, entre outras designações.

Para que se realizem aproximações entre o que se conhece e o que ainda se pretende conhecer no Ensino Religioso, é necessário adotar a postura metodológica que permita a observação do diferente, evitando qualquer forma de julgamento, de valorações, simpatias ou antipatias. Ao professor de Ensino Religioso não cabe julgar as diferentes culturas em suas formas variadas de viver a religião, mas, sim, compreendê-las a partir de sua própria história, por meio do significado dos códigos simbólicos que ela utiliza. É preciso aprender o "alfabeto simbólico" de cada cultura religiosa, para que se possa realmente absorver um pouco do seu sentido e do que representa para seus seguidores.

O método fenomenológico garante esse olhar atento e isento de julgamentos e também o reconhecimento da inconclusão de todo o conhecimento que se obteve até então. Há aqui um posicionamento humilde do pesquisador em não fechar suas conclusões, procurando não estabelecê-las no patamar das verdades imutáveis.

A experiência é sempre um fenômeno do corpo, mas que se estende aos outros corpos à medida que a sensação de pertencer ao universo vai se tornando mais clara. Como afirma Rubem Alves[3], a experiência do corpo que se estende ao mundo é essencialmente uma experiência mística, de sentir-se unido ao todo e em diálogo com todas as criaturas vivas. Dialogar com o universo íntimo é também dialogar com todo o macrocosmos. Assumir isso significa compreender que a construção das diversas culturas do mundo se alicerçam nos chamados *quatro pilares do conhecimento*: ciência, arte, filosofia e religião. A cultura se sustenta com marcos da espiritualidade.

A cultura é resultado da intervenção do humano no meio natural, a construção de uma nova materialidade a partir do já existente. Sem dúvida alguma, isso pressupõe que o criar cultura passa também pelos processos de imaginação. A imaginação é a força motriz dos símbolos e estes são a essência de toda a comunicação religiosa. Como afirmou Tyler (citado por Terrin[112]), a cultura inclui os conhecimentos, as crenças, a arte e a moral, bem como a lei, os hábitos e costumes dos integrantes de uma sociedade.

Na construção dos planos de aula e projetos das unidades a serem desenvolvidas no Ensino Religioso, o professor pode explorar todos esses elementos derivados das culturas, a fim de buscar apresentar aos alunos as estruturas diversas de linguagens que compõem as culturas religiosas. Exemplo: levando para a sala de aula músicas de diferentes etnias, o professor pode, a partir do material escutado, elencar aspectos da cultura religiosa que a música evidencia. Melhor ilustrando, ao mostrar uma música japonesa tradicional executada em flauta de bambu, o professor pode discorrer sobre a importância da escuta sensível e da expressão equilibrada entre o som e o silêncio, que, no zen-budismo, corresponde à meditação.

Conhecer diferentes produções culturais pode ser de grande auxílio na tarefa de compreender as significações expressas nas religiões. Isso se refere ao que a cultura produz em termos de ciência, arte, filosofia, a fim de entender melhor como os agrupamentos vivem e produzem suas formas religiosas.

Porém, para conhecer culturas religiosas é preciso superar "o estranhamento face ao diferente", sentimento tão comum experimentado por pessoas que se deparam com hábitos e crenças diferentes das suas. Num primeiro momento e sem a cautela metodológica, o diferente pode equivocadamente parecer "errado". Por exemplo: para entrar em uma igreja cristã no Brasil, o indivíduo, se estiver sem camisa, deverá vesti-la para entrar no templo, enquanto que, na Índia, no templo hinduísta de Dharmasthala, um homem, antes de entrar no recinto sagrado, deve retirar sua camisa e entrar com o tronco nu, em sinal de respeito.

Nesse ponto, vale prestar atenção ao fato de que nossa própria linguagem tem valor apenas para entender nossa própria cultura; outras culturas necessitam de outras linguagens.

Para compreender o universo de uma nova cultura, utilizando o método fenomenológico, está se favorecendo a aproximação e a descrição do observado, sem interferência dos julgamentos do observador. Esse método se pauta no ato de captar a realidade e descrevê-la sem que o observador acrescente ao texto seus próprios modelos e parâmetros de viver.

Nesse processo de descrição, o juízo é posto em suspensão, o que significa que deve se evitar quaisquer formas de julgamento, a fim de não permitir a observação que é própria do senso comum.

O método fenomenológico, que muito bem se aplica ao estudo do fenômeno religioso, propõe-se a pesquisar o vivido, que é o lugar onde não existe nenhuma ruptura entre o sujeito e o objeto, o corpo e as coisas. Esse vivido é captado antes de ser determinado pelo conhecimento científico.

No ato de descrever as culturas religiosas, não se pretende explicar ou analisar. O real é descrito, e não construído ou constituído. A descrição fenomenológica é um método de aproximação da realidade.

Supõe-se que os fenômenos religiosos sejam uma série ilimitada de aspectos que podem ser objetivados, isto é, descritos, por meio da linguagem. Nenhuma descrição é acabada e completa, assim como nenhuma linguagem dá conta de comunicar a experiência em sua totalidade. O ato de descrever é um ato inconcluso e, portanto, provisório. Da mesma forma, nenhuma interpretação é totalmente segura e isso favorece novas interpretações e formas de ver.

Para o trabalho metodológico com a disciplina de Ensino Religioso, além de considerar todos os pontos acima apontados, importa esclarecer quais serão os passos metodológicos que o professor seguirá, a fim de que suas aulas tenham coerência e apresentem um corpo bem definido de propostas que caracterizem o começo, o meio e o fim de cada encontro. Também a avaliação deve ser amplamente compreendida, a fim de que se torne um instrumento positivo durante todo o percurso do professor e do aluno no contato e desenvolvimento dos conteúdos específicos dessa disciplina.

Educar dentro dos pressupostos de respeito às diferenças culturais dos cidadãos compreende um olhar cauteloso para com as diferenças e para com as semelhanças; isso exige uma postura que favoreça a condução desse olhar. Sem esse cuidado, facilmente se tenderia à dispersão e aos julgamentos de valor, gerando simpatias e antipatias pelos conteúdos e pelas próprias culturas religiosas.

A fim de que se faça possível um estudo sério e respeitoso para com toda a diversidade cultural e religiosa que se estampa no cenário brasileiro e, até mesmo, mundial, e a fim de que se cumpra de maneira pedagógica aquilo que determina a LDBEN, quando diz que são "vedadas quaisquer formas de proselitismo", é imprescindível a compreensão e a utilização de metodologias coerentes.

Com o uso de uma metodologia bem definida e com o posterior estabelecimento dos passos metodológicos que serão seguidos, professores e alunos poderão seguir na jornada interessante e tão cheia de encantos que compreende o universo de conteúdos e temas do Ensino Religioso.

Ao término, quem sabe possa se entender de maneira vívida e concreta o que Gandhi (citado por Carvalho[26]) experimentou e afirmou: "Não quero que minha casa seja cercada por muros de todos os lados e que as minhas janelas estejam tapadas. Quero que as culturas de todos os povos andem pela minha casa com o máximo de liberdade possível" (p. 76).

Referências

1 ALVES, A. F. C. *O navio negreiro* [S.l.]. Domínio público: biblioteca digital desenvolvida em software livre. Disponível em: <http://www.dominiopublico.gov.br/download/texto/bv000068.pdf>. Acesso em: 29 jan. 2009, 14:30.

2 ALVES, L. A S.; JUNQUEIRA, S. R. A. *Educação Religiosa*: construção da identidade do Ensino Religioso e da Pastora Escolar. Petrópolis, RJ: Vozes, 2002.

3 ALVES, R. *O enigma da religião*. 2. ed. Petrópolis, RJ: Vozes, 1975.

4 ANDRADE, J. Da pluralidade rumo ao diálogo inter-religioso. *Último andar*: caderno de pesquisa em ciência da religião, São Paulo, ano 7, p. 152-178, dez. 2004.

5 _____. *Shiva abandona seu trono*: destradicionalização da dança hindu e sua difusão no Brasil. 2007. 210 f. Tese (Doutorado em Ciências da Religião) – Pontifícia Universidade Católica de São Paulo, São Paulo, 2007.

6 ANDRÈS, J. M. *La evaluación educativa, su práctica y otras metáforas*. Barcelona: ICE Universitat de Barcelona, 2000.

7 ASSMAM, H. *Metáforas novas para reencantar a educação*. Piracicaba, SP: Ed. da Unimep, 1998.

8 BEHRENS, M. A. *A prática pedagógica dos professores universitários*: perspectivas. Curitiba: Champagnat, 2000a.

9 _____. *O paradigma emergente e a prática pedagógica*. 2. ed. Curitiba: Champagnat, 2000b.

10 BETH, R. *A bruxa solitária*: lições a aprendizes de bruxaria. Rio de Janeiro: Bertrand Brasil, 1997.

11 BETIATO, M. A.; SANCHES, M. A. *Navegando nos caminhos da fé*: a educação religiosa e suas novas exigências. Curitiba: Saraiva, 1998.

12 BIACA, V. et al. O sagrado no ensino religioso. *Cadernos pedagógicos do ensino fundamental*. Curitiba: SEED, 2006. v. 8.

13 BIRCK, B. O. *O sagrado em Rudolf Otto*. Porto Alegre: EDIPUCRS, 1993.

14 BOFF, L. *Experimentar Deus*: a transparência de todas as coisas. Campinas: Verus, 2002.

15 _____. *Saber cuidar*: ética do humano – compaixão pela terra. Petrópolis, RJ: Vozes, 1998a.

16 BOFF, L. *O despertar da águia*: o dia-bólico e o sim-bólico na construção da realidade. Petrópolis, RJ: Vozes, 1998b.

17 BOWKER, J. *O livro de ouro das religiões*: a fé no ocidente e oriente, da pré-história aos nossos dias. Rio de Janeiro: Ediouro, 2004.

18 _____. *Para entender as religiões*. São Paulo: Ática, 1997.

19 BRASIL. Lei n. 9.394, de 20 de dezembro de 1996. *Diário oficial [da] República Federativa do Brasil*, Poder Executivo, Brasília, DF, 23 dez. 1996. Disponível em: <http://www.planalto.gov.br/ccivil_03/LEIS/l9394.htm>. Acesso em: 10 fev. 2009.

20 _____. Lei n. 9.475, de 22 de julho de 1997. *Diário oficial [da] República Federativa do Brasil*, Poder Executivo, Brasília, DF, 23 jul. 1997. Disponível em: <http://www.planalto.gov.br/ccivil_03/Leis/L9475.htm>. Acesso em: 10 fev. 2009.

21 BRASIL. Ministério da Educação. Secretaria de Educação Básica. *Parâmetros curriculares nacionais*: Ensino Médio. Brasília, DF: MEC, 2000. Disponível em: <http://portal.mcc.gov.br/seb/arquivos/pdf/blegais.pdf>. Acesso em: 12 jan. 2009.

22 CALLOIS, R. *O mito e o homem*. São Paulo: Edições 70, 1972.

23 CAMPBELL, J. *O poder do mito*. São Paulo: Palas Athena, 1990.

24 CAPRA, F. *A teia da vida*: uma nova compreensão científica dos sistemas vivos. São Paulo: Cultrix, 1996.

25 CARDOSO, P.; CECCATO, T. O multiculturalismo, o direito à diferença e a ação afirmativa. *África axé*, Curitiba, v. 1, n. 1, p. 29-32, ago. 2004.

26 CARVALHO, E. M. M. *O pensamento vivo de Gandhi*. São Paulo: Martin Claret, 1985.

27 CHALLAYE, F. *As grandes religiões*. São Paulo: Ibrasa, 1997.

28 CINTRA, R. *Candomblé e umbanda*: o desafio brasileiro. São Paulo: Edições Paulinas, 1985.

29 COLE, A. *Cor, galeria de arte*. São Paulo: Manole, 1993.

30 COMUNIDADE BAHÁ'Í DE PORTUGAL. *A fé bahá'í*. Disponível em: <http://www.bahai.pt/a_fe_baha_i>. Acesso em: 3 fev. 2009.

31 COSTA, D. R.; GUILOUSKI, B.; SCHLÖGL, E. *Caderno pedagógico*. Curitiba: Assintec, 2008.

32 COSTA, D. R.; GUILOUSKI, B.; SCHLÖGL, E. Caderno Pedagógico do Ensino Religioso. *Cadernos pedagógicos 2*. Curitiba: SME, 2006.

33 COSTA, Dr.; GUILOUSKI, B.; SCHLÖGL, E. *Informações sobre as tradições religiosas*. Curitiba: Assintec/SME, 2007.

34 COSTA, J. *Imagem global*. Barcelona: Ediciones CCAC, 1987.

35 COSTA, J.; MOLES, A. *Imagem didática*. Barcelona: Ediciones CCAC, 1987.

36 CRIPPA, A. *Mito e cultura*. São Paulo: Convívio, 1975.

37 CUNHA, M. I.; LEITE, D. Relação Ensino e Pesquisa. In: ALENCASTRO, I. (Org). *Didática*: o ensino e suas relações. Campinas: Papirus, 1996.

38 CURITIBA. Secretaria Municipal da Educação. *Diretrizes curriculares para a educação municipal de Curitiba*. Curitiba: SME, 2006.

39 DELUMEAU, J. *As grandes religiões do mundo*. Lisboa: Presença, 2002.

40 DEMO, P. *Educar pela pesquisa*. Campinas: Autores Associados,1996.

41 DIÁLOGO EDUCACIONAL. Curitiba, v. 3, n. 6, maio/ago. 2000.

42 _____. Curitiba, v. 4, n. 10, set./dez. 2000.

43 ELIADE, M. *Imagens e símbolos*: ensaios sobre o simbolismo mágico religioso. São Paulo: M. Fontes, 1991.

44 ENDIPE – ENCONTRO NACIONAL DE DIDÁTICAS E PRÁTICAS DE ENSINO, 12. 2004, Curitiba. *Anais do XII ENDIPE*. Curitiba: PUCPR, 2004.

45 EPSTEIN, I. *O signo*. São Paulo: Ática, 2002.

46 ESSLEMONT, J. *Bahá'ú'lláh e a nova era*. São Paulo: Bahá'í do Brasil, 1984.

47 FERGUSON, M. *A conspiração aquariana*: transformações humanas e sociais no final do século XX. 7. ed. Rio de Janeiro: Record, 1992.

48 FIGUEIREDO, A. de P. *O ensino religioso no Brasil*: tendências, conquistas, perspectivas. Petrópolis, RJ: Vozes, 1996.

49 FINE, D. *O que sabemos sobre o judaísmo?* São Paulo: Callis, 1998. (Coleção O Que Sabemos Sobre).

50 FONAPER – FÓRUM NACIONAL PERMANENTE DO ENSINO RELIGIOSO. *Parâmetros Curriculares Nacionais*: Ensino Religioso. 2. ed. São Paulo: Ave Maria, 1997.

51 FREIRE, P. *Ação cultural para a liberdade e outros escritos*. Rio de Janeiro: Paz e Terra, 1979.

52 _____. *Conscientização*: teoria e prática da libertação – uma introdução ao pensamento de Paulo Freire. São Paulo: Moraes, 1980.

53 _____. *Educação como prática da liberdade*. Rio de Janeiro: Paz e Terra, 2001a.

54 FREIRE, P. *Pedagogia da autonomia*: saberes necessários à prática educativa. São Paulo: Paz e Terra, 2001b.

55 _____. *Pedagogia da esperança*: um reencontro com a pedagogia do oprimido. Rio de Janeiro: Paz e Terra, 2002.

56 _____. *Pedagogia do oprimido*. Rio de Janeiro: Paz e Terra, 1988.

57 GADOTTI, M. *Perspectivas atuais da educação*. Porto Alegre: Artmed, 2000.

58 GAMBINI, R. *O espelho índio*: os jesuítas e a destruição da alma indígena. Rio de Janeiro: Espaço e Tempo, 1988.

59 GANERI, A. *O que sabemos sobre o hinduísmo?* São Paulo: Callis, 1998. (Coleção O Que Sabemos Sobre).

60 GEERTZ, C. *O saber local*: novos ensaios em antropologia interpretativa. Petrópolis, RJ: Vozes, 1998.

61 GOMES, M. P. *Os índios e o Brasil*. Petrópolis, RJ: Vozes, 1988.

62 GRIFFITHS, B. *Retorno ao centro*: o conhecimento da verdade – o ponto de reconciliação de todas as religiões. São Paulo: Ibrasa, 1992.

63 GRUPO ESPÍRITA IRMÃO TOMÉ. Site oficial. Disponível em: <http://br.geocities.com/irmaotome/index.htm>. Acesso em: 11 fev. 2009, 18:17.

64 GPER – Grupo de Pesquisa Educação e Religião. Site oficial. Disponível em: <http://www.gper.com.br>. Acesso em: 10 fev. 2009, 12:55.

65 HARK, H. *Léxico dos conceitos junguianos fundamentais*: a partir dos originais de C. G. Jung. São Paulo: Loyola, 2000.

66 HINNELLS, J. R. (Org.). *Dicionário das religiões*. São Paulo: Cultrix, 1984.

67 JACOBI, J. *Complexo, arquétipo, símbolo na psicologia de C. G. Jung*. São Paulo: Cultrix, 1990.

68 JAPIASSU, H. *O mito da neutralidade científica*. Rio de Janeiro: Imago, 1981.

69 JECUPÉ, K. W. *Aré awé roiaru'a ma*: todas as vezes que dissemos adeus. São Paulo: Fundação Phytoervas de Proteção ao Índio Brasileiro, 1993.

70 JOLY, M. *Introdução à análise da imagem*. Campinas: Papirus, 1996.

71 JUNG, C. G. *Estudos sobre o simbolismo do si-mesmo*. Petrópolis, RJ: 1976.

72 _____. *O homem e seus símbolos*. Rio de Janeiro: Nova Fronteira, 1977.

73 JUNQUEIRA, S. R. A. *O processo de escolarização do ensino religioso no Brasil*. Petrópolis, RJ: Vozes, 2002.

74 JUNQUEIRA, S. R. A; WAGNER, R. (Org.). *Ensino religioso no Brasil*. Curitiba: Champagnat, 2004.

75 KAST, V. *A dinâmica dos símbolos*: fundamentos da psicoterapia junguiana. São Paulo: Loyola, 1994.

76 KEEN, S.; VALLEY-FOX, A. *A jornada mítica de cada um*. São Paulo: Cultrix, 1995.

77 KNITTER, P. *Introducing theologies of religions*. Maryknoll, NY.: Orbis Books, 2002.

78 KÜNG, H. *Religiões do mundo*: em busca dos pontos comuns. Campinas: Verus, 2004.

79 LAO-TZU. *Tao Te King*. São Paulo: Pensamento, 1995.

80 LEXIKON, H. *Dicionário de símbolos*. São Paulo: Cultrix, 1990.

81 LIBÂNEO, J. C. *Democratização da escola pública*: a pedagogia crítico-social dos conteúdos. São Paulo: Loyola, 1986.

82 LOWEN, A. *A espiritualidade do corpo*: bioenergética para a beleza e a harmonia. São Paulo: Pensamento, 1983.

83 _____. *Bionergética*. São Paulo: Summus, 1975.

84 LURKER, M. *Dicionário de simbologia*. 2. ed. São Paulo: M. Fontes, 1997.

85 MARCHON, B.; KIEFFER, J.-F. *As grandes religiões do mundo*. São Paulo: Paulinas, 1995.

86 MERTON, H. K. *Enciclopédia das religiões*. Disponível em: <http://allreligo.blogspot.com/>. Acesso em: 10 fev. 2009, 12:21.

87 MILES, R. *A história do mundo pela mulher*. Rio de Janeiro: LTC, 1989.

88 MITFORD, M. *O livro ilustrado dos símbolos*: o universo das imagens que representam as ideias e os fenômenos da realidade. São Paulo. Publifolha, 2001.

89 MIZUKAMI, M. G. N. *Ensino*: as abordagens do processo. São Paulo: EPU, 1986.

90 MONARCHA, C. (Org.). *Anísio Teixeira*: a obra de uma vida. Rio de Janeiro: DP&A, 2001.

91 MORAES, M. C. *O paradigma educacional emergente*. Campinas: Papirus, 1998.

92 MORIN, E. *Os sete saberes necessários à educação do futuro*. São Paulo: Cortez, 2000.

93 O CRISTIANISMO no Brasil. *Diálogo*: revista de Ensino Religioso, São Paulo, ano 1, n. 3, ago. 1996.

94 PARANÁ. Secretaria de Estado da Educação. *Currículo Básico de Ensino Religioso para a Escola Pública do Paraná*. Curitiba: Assintec, 1992.

95 PAVIANI, J. *Formas do dizer*: questões de método, conhecimento e linguagem. Porto Alegre: EDIPUCRS, 1998.

96 PEDROSA, I. *Da cor à cor inexistente*. Rio de Janeiro: Léo Christiano Editorial, 1999.

97 PEIRANO, M. *Rituais ontem e hoje*. Rio de Janeiro: J. Zahar, 2003.

98 PESSOA, F. *O eu profundo e os outros eus*. Rio de Janeiro: Cia. José Aguilar, 1974.

99 PIAGET, J. *A formação do símbolo na criança*: imitação, jogo e sonho, imagem e representação. Rio de janeiro: J. Zahar, 1978.

100 PLANETA. São Paulo: Três, n. 205, out., 1989.

101 RELIGIÕES e educação. *Diálogo*: revista de Ensino Religioso, São Paulo, ano 3, n. 10, maio, 1998.

102 REVISTA BRASILEIRA DE EDUCAÇÃO. Rio de Janeiro: Autores Associados, n. 2, maio/jun. - jul./ago., 2002.

103 ROCHA, E. *O que é mito*. São Paulo: Brasiliense, 1999. (Coleção Primeiros Passos).

104 SANTOMÉ, J. T. *Globalização e Interdisciplinaridade*: o currículo integrado. Porto Alegre: Artes Médicas Sul, 1998.

105 SCHLÖGL, E. *Expansão Criativa*: por uma pedagogia da auto-descoberta. Petrópolis, RJ: Vozes, 2000.

106 _____. *Não basta abrir as janelas*: o simbólico na formação do professor. 2005. 218 f. Dissertação (Mestrado em Educação) – Pontifícia Universidade Católica do Paraná, Curitiba, 2005.

107 _____. *Quem são estes homens e mulheres que fazem religião?* Curitiba: Assintec, 2006.

108 _____. Símbolos culturais: as teias do encontro. *O Estado do Paraná*, Curitiba, p. 22, 22 abr. 2006.

109 SERBENA, I. M. B. *Compilação de textos avulsos, relatórios e históricos produzidos pela Assintec*. Curitiba: Assintec, 2004.

110 SIMÕES JR., J. G. *O pensamento vivo de Buda*. São Paulo: Martin Claret, 1985.

111 TAILLE, Y.; OLIVEIRA, M. K.; DANTAS, H. *Piaget, Vigotsky, Wallon*: teorias psicogenéticas em discussão. São Paulo: Summus, 1992.

112 TERRIN, A. N. *Antropologia e horizontes do sagrado*: culturas e religiões. São Paulo: Paulus, 2004.

113 VILLAS BOAS, O.; Villas BOAS, C. *Xingu*: os índios, seus mitos. Rio de Janeiro: J. Zahar, 1974.

114 VOLTAIRE. *Dicionário filosófico*. [S.l.]: eBooksBrasil. Disponível em: <http://www.ebooksbrasil.org/eLibris/filosofico.html>. Acesso em: 10 fev. 2009.

115 ZABALA, A. *Enfoque globalizador e pensamento complexo*: uma proposta para o currículo escolar. Porto Alegre: Artmed, 2002.

116 ZWEIG, C. (Org.). *Mulher*: em busca da feminilidade perdida. São Paulo: Gente, 1994.

Respostas das Atividades

Capítulo 1
Atividades de Autoavaliação
1. B
2. D
3. A
4. C
5. E

Atividades de Aprendizagem
Questões para Reflexão
1. Pretende-se que o aluno reflita sobre sua própria identidade e história religiosa.
2. Pretende-se que o aluno dialogue com outros acerca das histórias de vida, mantendo postura de respeito para com a diferença. Esse é um exercício de diálogo.

Capítulo 2
Atividades de Autoavaliação
1. B
2. B
3. B
4. D
5. B

Atividades de Aprendizagem
Questões para Reflexão
1. Questão livre, resposta de cunho pessoal.

2. Espera-se que o aluno seja capaz de realizar uma autoanálise crítica.

Capítulo 3
Atividades de Autoavaliação
1. C
2. B e C
3. D
4. E
5. C

Atividades de Aprendizagem
Questões para Reflexão
1. Reflexão livre na qual espera-se que o aluno aponte aspectos caracterizadores das visões patriarcal e matriarcal.
2. Espera-se que o aluno pesquise nomes de pessoas mantendo a preocupação em abordar indivíduos de diferentes contextos religiosos.

Capítulo 4
Atividades de Autoavaliação
1. A
2. A
3. C
4. C
5. D

Atividades de Aprendizagem
Questões para Reflexão
1. Pretende-se que o aluno realize essa atividade mostrando coerência entre os significantes e os significados.

2. Nesse momento, importa a participação e o envolvimento de todos, resguardado o direito ao pensamento divergente.

Capítulo 5
Atividades de Autoavaliação
1. B
2. D
3. C
4. C
5. B

Atividades de Aprendizagem
Questões para Reflexão
1. Pretende-se que o aluno busque uma variedade de pensamentos originados em diferentes matrizes religiosas.
2. É significativo que o aluno relacione aspectos da preservação social dos grupos e os pressupostos éticos por eles veiculados.

Capítulo 6
Atividades de Autoavaliação
1. A
2. B
3. D
4. C
5. A

Atividades de Aprendizagem
Questões para Reflexão
1. Atividade de livre expressão.
2. Espera-se que o aluno lance um olhar crítico a partir da clara compreensão de características fundamentais de cada uma das escolas.

Sobre a autora

EMERLI SCHLÖGL graduou-se em Educação Artística – Licenciatura Plena em Música – pela Faculdade de Educação Musical do Paraná (1984). É bacharel em Canto Lírico, pela Escola de Música e Belas Artes do Paraná (1995), e graduada em Psicologia pela Universidade Tuiuti do Paraná – UTP (2000). Detém especializações em Psicoterapias de Base Corporal, Performance do Canto, Pedagogia para o Ensino Religioso, além de mestrado em Educação pela Pontifícia Universidade Católica do Paraná – PUCPR (2005). Atualmente, é doutoranda em Geografia pela Universidade Federal do Paraná – UFPR, e exerce atividades em três campos: arte (canto lírico e dança indiana), culturas religiosas (pedagogia para o Ensino Religioso) e psicologia (clínica). Faz parte da equipe pedagógica da Associação Inter-Religiosa de Educação – Assintec e é membro do Grupo de Pesquisadores sobre o tema Educação e Religião (GPER).

Os papéis utilizados neste livro, certificados por instituições ambientais competentes, são recicláveis, provenientes de fontes renováveis e, portanto, um meio **respons**ável e natural de informação e conhecimento.

Impressão: Reproset
Maio/2022